Kavindu
(Alejandro Velasco)

MINDFULNESS
la meditación de conciencia plena

Una aproximación contemporánea a la meditación budista

editorial Kairós

Numancia, 117-121
08029 Barcelona
www.editorialkairos.com

Título original: MINDFULNESS. La meditación de conciencia plena

Primera edición: Octubre 2013

ISBN: 978-84-9988-307-6
Depósito legal: B 16.591-2013

Fotocomposición: Beluga & Mleka, Córcega, 267, 4° 1ª, 08008, Barcelona.
Diseño cubierta: Katrien van Steen
Impresión y encuadernación: Índice. Fluvià, 81-87. 08019 Barcelona.

No sigas las ideas de otros,
más bien aprende a escuchar la voz dentro de ti.
Tu cuerpo y tu mente se volverán claros y te darás cuenta
de la unidad de todas las cosas.[1]

DOGEN

SUMARIO

Agradecimientos 11

1. Introducción 15
   Llegar a la meditación 15
   El propósito de este libro 18
   Sobre el contenido y la forma del libro 19
   Una sesión de meditación en quietud 22

Parte I: Los cinco principios

2. Introducción 27
3. Receptividad 33
   No rechazar 35
   No retener 38
   No perseguir experiencias 42
   Familiaridad con la práctica 43

4. Claridad 45
   El sentido del oído 54
   El sentido del cuerpo 57
   El cuerpo emocional 63
   El sentido de la vista 67
   El sentido del olfato 69
   El sentido del gusto 69
   El sentido de la mente 70
   Familiaridad con la práctica 80
   Meditar con todas o alguna de las puertas abiertas 80

5. Calma 83
Introducción 83
Las funciones de la atención 84
Las fuerzas que desintegran la atención 86
Una atención integrada y estable 87
La acción sutil: integrar la atención 89
Familiaridad con la práctica 101

6. Conciencia del ahora 103
Introducción 103
El ahora y el tiempo histórico: dos estados de conciencia 104
La mente de principiante 105
¿Cómo habitar el momento presente? 106
Las tres acciones sutiles del principio de la conciencia del ahora 107
Algunos indicadores de la conciencia del ahora 111
Familiaridad con la práctica 115

7. Amor incondicional 119
Introducción 119
Paciencia 121
Amabilidad 122
Familiaridad con la práctica 126

Parte II: Las prácticas
8. Introducción 129
Conciencia plena básica 137
Conciencia plena básica en detalle 139
Conciencia plena con atención en la respiración 141
Meditar con sonidos y silencio 143
Meditar en el cuerpo 145
Meditación de recorrido del cuerpo 147
Conciencia de las emociones 152

Conciencia de los pensamientos como energía 154
Conciencia del aquí y ahora 156
Meditación caminando 158

9. La postura 161

10. Meditar en casa 169
Introducción 169
¿Dónde meditar? 170
Más allá de las ganas de meditar 171
¿A qué hora es mejor meditar? 171
¿Con cuánta frecuencia hay que meditar? 172
¿Qué duración debe tener una meditación? 172
¿Cómo medir el tiempo de meditación? 173

11. Consideraciones finales 175
La meditación es un proceso unificado 176
El énfasis está en el proceso y no en el resultado ... 178
Meditar es abrazar amablemente la totalidad que eres 179

12. Conclusión 181

Bibliografía 183
Notas 185

AGRADECIMIENTOS

Este libro no habría sido posible sin la gran red de maestros, amigos, textos y contextos de práctica y estudio del budismo y la meditación que generosamente me han señalado el camino en los últimos veinte años.

Quiero dar las gracias a Sangharakshita, sus enseñanzas no solo me han ayudado a comprender las bases más profundas que unifican al complejo rompecabezas que es la tradición budista, sino que me han dado las alas para emprender de lleno el viaje de autoconocimiento que ha cambiado mi vida radicalmente y que desde pequeño intuía posible.

La Orden Budista Triratna (antes Orden Budista Occidental) y la Comunidad Budista Triratna (antes Amigos de la Orden Budista Occidental), fundadas por el mismo Sangharakshita, durante un tiempo importante el generoso crisol donde aprendí a aplicar de manera práctica los conocimientos del budismo y la meditación.

Mis amigos dentro de esta Orden, a la que pertenecí durante casi diez años, fueron en distintos momentos de mi vida mis maestros: Upekshamati, Samamati, Moksananda, Rantaprabha, Manjuvajra, Viveka, Tejananda, Parami, Paramachitta y Dharmapriya.

Deseo mostrar mi agradecimiento también a los maestros independientes David Smith, Keith Dowman, Stephen Batchelor y Martine Batchelor, conocerlos, escucharlos y estudiarlos me ha abierto puertas insospechadas en este camino. Sin sus enseñanzas y su ejemplo personal no habría sabido cómo integrar mis propias experiencias, y mucho menos hubiera sabido comunicarlas a otros con autenticidad y convicción.

Gracias asimismo a los siguientes maestros budistas de nuestro tiempo: Reginald Ray, Chogyam Trungpa, Pema Chödron, Jack Kornfield, Joseph Goldstein, Larry Rosenberg, Sharon Salzberg, Matthieu Riccard, Jon Kabat-Zin, Lama Surya Das, Dilgo Kyentse Rinpoche, Tich Naht Hahn y el Dalai Lama. Su obra escrita ha nutrido considerablemente mi comprensión del camino de la meditación y del trabajo con la mente.

Aunque de todos ellos hay un poco y de algunos más, la aproximación particular a la meditación que expongo en este libro ciertamente no es idéntica a la de ninguno de mis maestros directos o indirectos en cuanto a metodología, aunque espero que sí que lo sea en cuanto a espíritu. Estoy convencido de que los diferentes énfasis y aspectos de la meditación y la visión subyacente de las diversas escuelas meditativas budistas convergen en una unidad que trasciende sus diferencias. Esta ha sido la brújula que me ha guiado a través de muchos años. En el camino de la meditación y el budismo siempre me ha parecido crucial saber escuchar la voz interior, aquello que Sangharakshita denomina «la resonancia entre lo que es primordial en uno y lo que es primordial en el universo».[2] Este libro intenta honrar esa resonancia.

A los cientos de personas que han participado en los cursos de meditación que he impartido a través de los años en Yoga Espacio, muchas gracias. Este contexto generoso y fértil de meditadores me ha inspirado a investigar, estudiar y practicar a conciencia estas prácticas. Asimismo, me ha permitido comparar sus experiencias con las mías y me ha llevado a reflexionar sobre los problemas, dudas y dificultades que surgen en la meditación para personas de diferentes temperamentos y perfiles psicológicos. Gracias a ellos he podido refinar la metodología y el lenguaje que se emplea en este libro. Los cientos de páginas de notas e instrucciones que he ido desarrollando para ellos han sido la materia prima de la cual ha surgido este libro.

Yoga Espacio es un espléndido entorno abierto de práctica de yoga, meditación y sanación, y en particular quiero mostrar mi agradecimiento a Adriana Pacheco, Israel Martínez, Maricarmen Hiriart y Ruth Martínez.

También a Jnanadakini, mi compañera de vida y camino, fundadora de Yoga Espacio. Nuestro diálogo constante sobre la práctica de la meditación, el budismo y el yoga dentro de un espíritu compartido de libertad, investigación crítica y contribución ha sido un estímulo sin el cual difícilmente existiría este libro.

Oscar Franco, Amritapurna, Ana Serrano, Luis Akle, Paulina Rivero, Anita Sielecki y Akasavajri hicieron agudas y precisas revisiones y comentarios al borrador del manuscrito que lo convirtieron en un libro mucho más fluido, ameno y preciso. A mi amigo y maestro David MacAmmond quiero darle las gracias por impulsar mi confianza en difundir lo que en este libro se presenta.

Y, por último, gracias a mi amiga la escritora Julieta García, por invitarme a escribir este libro, educar mi pluma, revisarlo incontables veces y dedicarle amablemente todo el tiempo que tomó convertirlo en realidad.

I. INTRODUCCIÓN

Llegar a la meditación

Un viaje distinto

Una mañana ligeramente nublada y fresca viajaba con un amigo por una carretera rural del México central. Regresábamos de ver un terreno que él estaba interesado en comprar en un pequeño pueblo. Yo me encontraba inmerso en mis cavilaciones cuando algo me trajo repentinamente al ahora. Poco después de pasar por una curva pronunciada junto a un triste cementerio apareció sorpresivamente un camión cargado de frutas y verduras a escasa distancia frente a nosotros: había entrado a la carretera sin avistarnos. El pequeño auto de mi amigo venía a considerable velocidad y no llevábamos cinturones de seguridad.

El desenlace trágico de esa encrucijada era bastante fácil de prever a primera vista. Seguramente en pocos segundos nos estrellaríamos contra la camioneta con escasas probabilidades de sobrevivir al percance. Me sujeté con fuerza del asa del techo y planté mis pies firmemente contra el suelo, mi mente se despejó de golpe y entré en un intenso estado de alerta. Mis sentidos se agudizaron y mi cuerpo se preparó para responder a lo que viniera.

A partir de ese instante el tiempo dejó de transcurrir como antes. En fracciones de segundo pasaron por mi mente dos visiones con extraordinaria claridad. La primera puede resumirse en la frase «Este es el fin», aunque no fue un pensamiento en palabras, sino una contundente certeza de la ausencia de futuro. Enseguida surgió la segunda: sentí como si una gruesa capa compuesta de mi historia personal con sus temores y deseos se desprendiera de mí y se desvaneciera. Esto dio lugar a una experiencia de claridad serena y un sentido de apertura, como si hubiera salido de una cueva a un espacio abierto y despejado.

El accidente fue bastante aparatoso, pero gracias al ingenio de mi amigo y a otras afortunadas circunstancias no hubo impacto, y aunque volcamos a gran velocidad, todo terminó relativamente bien. Una vez que el coche se detuvo ruedas arriba en un sembradío húmedo, pudimos salir ilesos de entre los hierros retorcidos.

Horas después comencé a experimentar el retorno gradual pero implacable de aquella densa capa de historia personal que había desaparecido. Y con ella volvían las preocupaciones, los planes pendientes, los recuerdos, los hábitos de pensamiento y, sobre todo, la tensión emocional. Pero antes de fundirme nuevamente con todo aquello pude reflexionar sobre lo sucedido y comprendí que si bien aquel estado de claridad espaciosa había sido una experiencia deslumbrante, no era algo totalmente desconocido para mí. Más bien se trataba del reencuentro con un espacio abierto, claro y amable que había conocido en momentos fugaces de mi vida, incluso desde que era niño. Algo en este reencuentro resonó tan fuerte con algo tan fundamental en mí, que comprendí que no podía quedarse solo como un recuerdo más en la vida. Era un llamado irrevocable.

Entonces surgieron algunas preguntas en mi mente: ¿cómo es que uno llega a identificarse con esa capa de espejismos?, ¿cómo sería la vida con la conciencia clara y lúcida que había experimentado? Pronto comencé a buscar enseñanzas y prácticas orientado por aquel llamado. Una cosa me llevó a otra, y tres años después me encontraba en un curso-retiro de comunicación con un grupo de gente haciendo un ejercicio que sin pretensión ni mística alguna se llamaba "mantenerse presente". Sentados en silencio con los ojos semiabiertos solo había que estar presentes a la experiencia inmediata. Cada cinco o diez minutos un guía decía suavemente: «¿Hay algo que no estés dispuesto a soltar?». De repente volví a sentir que aquella gruesa capa se debilitaba. Por momentos fugaces experimenté nuevamente la conciencia espaciosa que había conocido antes. Al terminar los treinta o cuarenta minutos que duraba el ejercicio, durante un receso, uno de los participantes mencionó que la práctica se parecía a la "meditación Zen". Eso me llevó a buscar por ahí, y así llegué a la meditación.

Los diferentes llamados de la meditación

Es común que la búsqueda de una práctica meditativa se despierte a partir de un evento crucial que sacude tu vida y te abre los ojos a la naturaleza transitoria y compleja de la realidad, así como a la posibilidad de acceder a estados de conciencia más claros y profundos. Accidentes, enfermedades y pérdidas son variaciones de este mismo tema. Otras personas se acercan a la meditación para atender necesidades vitales como tranquilidad, paz y claridad, otras simplemente vienen buscando calmar la mente, soltar la tensión y encontrar un alivio a la angustia o el estrés.

Hay quienes intuyen la meditación en el contacto gozoso con las artes como símbolos vivos que constantemente te insinúan una realidad misteriosa y dinámica. Para otras personas el llamado a una práctica de contemplación proviene del contacto con la naturaleza, en particular con las experiencias vívidas de nacimiento y crecimiento, decaimiento y muerte de la flora y la fauna silvestres.

En otros casos, este acercamiento está ligado a una curiosidad incisiva despierta desde temprana edad. A menudo esta búsqueda es impulsada por preguntas sencillas y profundas, tales como "¿qué es esto?", "¿de qué está hecho esto?", o "¿por qué se dan así las cosas?". Y, finalmente, hay quien llega a las puertas de la meditación al intuir la posibilidad de honrar la naturaleza interdependiente del universo, a través de amar incondicionalmente a otras personas, a otros seres y a todo aquello que sustenta la vida.

Si bien el llamado a buscar una disciplina meditativa tiene muchas formas, hay una sensación singular que experimentas cuando tu sentido de ser surge de una conciencia lúcida, abierta y compasiva: la intuición de una libertad creativa ilimitada, latente en ti.

El propósito de este libro

Este libro intenta ser una herramienta auxiliar en el camino de la meditación, una actividad humana al mismo tiempo antigua y vigente, universal e individual, no utilitaria en un sentido convencional, pero imprescindible y poderosa en muchos otros sentidos.

La conciencia meditativa se despliega en la conexión entre la mente y la realidad inmediata tangible a los sentidos. Esto es un acto de una radical sencillez, cuando sabes escuchar las señales que se presentan ante ti y abrirte a ellas sin reparos. Para ello es útil contar con una guía precisa que te oriente en los momentos de confusión o indecisión.

Para iniciarte en la disciplina de la meditación, lo mejor es el contacto personal con un maestro: un guía que te lleve paso a paso a través de los principios durante cierto tiempo, usualmente algunos años, hasta que la práctica madure lo suficiente en ti y despierte tu propio guía interior.

Si bien un instructor es imprescindible en la mayoría de los casos, también es esencial contar con un texto claro y útil para que una persona totalmente nueva en estos temas pueda comprender los fundamentos e incluso iniciarse en la disciplina contemplativa, o para que un practicante con cierta experiencia pueda aclararse y profundizar en sus partes prácticas y comprender los principios que la nutren.

Al emprender el sendero de la meditación, siempre hacen falta instrucciones precisas que te indiquen hacia dónde dirigir la mirada contemplativa y cómo mirar. Más adelante, descubrirás que el camino que te has propuesto seguir no es lineal ni secuencial, pues realmente no hay ningún lugar a donde llegar. Tampoco se trata de buscar la mejor técnica y dominarla, pues no es meramente una técnica, sino una transformación radical en la manera de relacionarte con tu experiencia.

El sendero es más bien una espiral en constante creación que se despliega a partir de unos cuantos principios fundamentales, los cuales se van aclarando más y más con la práctica cotidiana. Una guía que te ayude a reconocer estos principios y te ofrezca maneras específicas de mantenerlos activos es una valiosa aliada en territorio desconocido: ese es el propósito de este libro.

Sobre el contenido y la forma del libro

En qué se basa el contenido

La parte sustancial de las instrucciones, los conceptos y la visión que aquí se presentan están fundamentados en las prácticas contemplativas de la tradición budista,[3] desarrolladas a través de casi 2.500 años. No obstante, el lenguaje, la descripción, la organización y la explicación del material siguen un enfoque contemporáneo. La intención es hacerlo práctico, accesible y enriquecedor tanto para meditadores nuevos como para aquellos que ya tienen cierta experiencia. En algunos casos, donde es relevante, las explicaciones se basan en investigaciones recientes sobre la cognición, el funcionamiento del cerebro y el sistema límbico.[4]

La aportación de este libro

El acercamiento de este libro a la meditación tiene dos características que constituyen su principal aportación: a) no se enfatizan las técnicas, sino los principios que están detrás de ellas; b) los principios se organizan de manera sistemática en modelos que revelan las relaciones entre ellos.

Si bien los aspectos técnicos son cubiertos cabalmente, el libro se adentra directamente en los principios de la meditación –los elementos fundamentales que constituyen la práctica– con descripciones que te ayudarán a relacionarlos con tu experiencia inmediata y posteriormente a entrenarte y familiarizarte con ellos directamente.

Lo que he denominado "principios" se refiere a estados de conciencia que surgen interdependientemente con estados mentales y funciones mentales. Los cinco principios que presento en este libro los he encontrado prácticamente en todos los maestros y textos de meditación budista que he conocido, si bien con distintos términos o diferentes énfasis.

La organización sistemática de estos principios en el modelo que he llamado "los cinco principios" es una estrategia práctica para comprender su importancia y su interdependencia, así como para facilitar el interiorizarlos.

Las dos partes del libro

El libro tiene dos partes: los principios y las prácticas. La primera parte explora en detalle lo que tienes que saber para que tu práctica meditativa sea efectiva. Si bien esta primera parte es teórica, intenta ser un apuntador que te lleve a cobrar conciencia de ciertos aspectos de tu propia mente y de los estados de conciencia que despiertan con la práctica. La segunda parte es práctica y presenta las instrucciones puntuales para sentarte a meditar.

Qué es la meditación

El término "meditación" puede entenderse de muchas maneras. Entre los significados de la palabra se encuentra reflexionar, pensar detenidamente, darle vueltas a un asunto. También puede significar rezar, concentrarse en una idea o una imagen visualizada. En este libro no se usa en estos sentidos. Asimismo, hay otro tipo de práctica común en las tradiciones budista e hindú, también denominada meditación, que guarda cierta similitud con la que aquí se presenta, pero que se enfoca en crear una hiperconcentración que conduce a retraer los sentidos; mientras que la meditación que vamos a explorar aquí requiere mantenerse en constante contacto con los estímulos de los sentidos. Asimismo, la meditación que nos concierne no consiste en poner la mente en blanco –una noción popular de la meditación– sino en un cambio de relación con lo que percibes, sientes y piensas momento a momento.

La meditación como aquí se entiende es una disciplina milenaria de autoconocimiento y liberación que involucra la participación de distintas facultades de la mente, tales como la percepción, la atención, la sensibilidad sensorial y la intuición. Más aún, es un proceso encaminado a expandir y profundizar tus estados de conciencia, y familiarizarte con sus aspectos espaciosos y lúcidos. Estos estados de conciencia surgen al reconocer la naturaleza cambiante, abierta y compleja de tu experiencia en el ahora y sentirla como tu hogar natural.

El proceso meditativo propicia un giro radical en tu relación con el cuerpo, las emociones y la mente. Esto, a su vez, te da acceso a relacionarte contigo mismo, con otras personas y con tu entorno fuera de los hábitos –o patrones– mentales, emocionales y físicos que te limitan y te traen aflicción. De esta manera, a través de la meditación estarás nutriendo un proceso que despierta tu capacidad de responder a la vida creativamente, honrando el ilimitado potencial de sabiduría, lucidez y amor incondicional latente en ti.

Conciencia plena

Esta es la expresión con la cual podemos describir el surgir de los estados de conciencia clara y lúcida a los que conduce la práctica que se presenta en este libro. He preferido utilizar "conciencia plena" en vez de atención plena o atención consciente, como se usa en algunos textos en castellano (aunque a veces con distintas connotaciones), justo para distinguir la *atención*[5] como una función direccional de la mente, en contraste con la capacidad de *cobrar conciencia* –o darte cuenta– de algo que percibes, sientes o piensas. La conciencia así entendida es lo que te permite conocer distintas áreas de la experiencia humana interna y externa.

En el modelo que se presenta en este libro, la *atención* se entiende como la función que te posibilita dirigir la mirada exterior o interior hacia algún punto, por ejemplo, una sensación de tensión en los hombros, y sostenerla ahí durante algún tiempo. Por otro lado, *conciencia* es la perspicacia silenciosa que te revela la naturaleza de aquello que se percibe, por ejemplo, descubrir que dicha sensación de tensión en los hombros está en constante transformación y ocurre de distinta manera según cuál sea tu actitud hacia ella. La meditación de conciencia plena podría definirse básicamente así:

> *El arte de mantenerte plenamente consciente con gran receptividad de lo que surge momento a momento en tu experiencia de cuerpo, emociones y mente.*

A través de este simple pero radical acto de cobrar conciencia se despierta un proceso que integra la mente y desactiva los patrones emocionales aflictivos que la desintegran. Esto a su vez conlleva una transformación de tu *sentido de ser,* la sensación de ser quien eres.

Al mantenerte plenamente consciente de lo que percibes y sientes momento a momento sin tratar de controlarlo ni cambiarlo, te puedes percatar de la dimensión abierta y cambiante de tu experiencia. Con esta percatación, tus estados de conciencia se vuelven más espaciosos y a la vez más profundos, permitiéndote una mayor capacidad de percepción. Estos estados de conciencia, a su vez, despiertan inteligencias poco usadas que transforman radicalmente tu relación con la vida, a la vez que avivan tu potencial creativo y compasivo.

Antes de entrar a conocer a fondo los diferentes aspectos de esta práctica, veamos brevemente cómo es una sesión típica de meditación de conciencia plena.

Una sesión de meditación en quietud

La meditación de conciencia plena puede hacerse sentado, en movimiento (caminando) o acostado. Por el momento vamos a considerar la meditación sentado. He aquí las instrucciones básicas de una versión de la práctica:

Encuentra un lugar razonablemente tranquilo y sin distracciones y siéntate en una postura cómoda, con la espalda erguida y el pecho abierto, las manos descansando en los muslos y los ojos cerrados suavemente. Asume que los siguientes treinta y cinco minutos los vas a dedicar a estar presente a todo lo que surge en tu experiencia de cuerpo y mente momento a momento.

Solo sentado. Comienza dedicando unos minutos a estar solo sentado, sin iniciar ninguna técnica ni hacer nada en particular. Experimenta la ausencia de propósito utilitario: no hay nada específico que hacer, nada que lograr, solo estar presente en este lugar en este momento. Después de unos cuatro o cinco minutos, comienza a despertar suavemente cada uno de los siguientes cinco principios, permitiendo que se integren en una colaboración orgánica.

Receptividad incondicional. Inicia una actitud de receptividad basada en *no rechazar, no retener y no perseguir nada* de lo que surja en tu experiencia de cuerpo, emociones y mente. Este es el ingrediente central de la meditación.

Claridad. Abre los sentidos. Esto quiere decir mantenerte plenamente consciente de todo lo que percibes en los cinco sentidos físicos y la mente tal como surge y pasa, sin etiquetarlo ni juzgarlo. Siente el constante cambio de todo lo que percibes y experimentas.

Calma. Mantén activos los dos principios anteriores, permite que tu atención se integre con todo lo que percibes, creando una sensación de estabilidad y continuidad. Para favorecer este proceso posa intencionalmente parte de tu atención en las sensaciones de la respiración en todo tu cuerpo, sintiendo cómo se mezclan con todo lo demás que percibes y sientes.

Conciencia del ahora. Reconoce el ahora en tu experiencia sensorial inmediata; o sea, en lo que sientes y percibes en constante actualización. Permite que se disuelvan los argumentos de los pensamientos. Al mismo tiempo, siente tu presencia consciente en el ahora.

Amor incondicional. Este principio brotará naturalmente a partir de los cuatro anteriores. Sabrás que en efecto se ha activado el amor incondicional cuando tu actitud tienda a ser amable y paciente. A través de la práctica, invariablemente encontrarás sensaciones físicas, emociones, impulsos y pensamientos que no te gustan, y será fácil ceder a la tentación de reaccionar a ellos con aversión. Otras veces la práctica no irá como quisieras y te comenzará a seducir la impaciencia. Lo notarás porque empezarás a forzar las cosas y a perseguir experiencias, o bien decidirás suspender la meditación antes del tiempo previsto. Mantenerte paciente y receptivo siempre te permite reavivar la práctica justo desde donde te encuentras.

A partir de aquí la meditación se irá desplegando orgánicamente, experimentándose como el mantenerte presente al transcurrir de tu experiencia del cuerpo, las emociones y la mente. Al familiarizarte con este estado de presencia, comenzarás a descubrir –y soltar– patrones físicos, emocionales y mentales que no habías notado antes y que causan distintos niveles de ansiedad y angustia, despertándose así una libertad creativa en lo mental, lo emocional y lo físico.

Esta es una versión de la meditación que vamos a explorar a través del libro. En cierto sentido es una práctica muy sencilla, aunque para muchos puede ser una propuesta difícil de sostener más de unos pocos minutos, al menos al principio. Esto se debe a que los seres humanos nos perdemos fácilmente en el laberinto de patrones de pensamiento y no sabemos cómo desapegarnos de ellos. Meditar es un arte y para que tu práctica sea efectiva es necesario conocer a fondo cada uno de los aspectos y principios que le darán vida. A través de este libro me propongo llevarte a una comprensión que te permita adoptar la práctica de meditación y así descubrir una libertad interior que sin duda habrá de transformar tu vida.

PARTE I: LOS CINCO PRINCIPIOS

2. INTRODUCCIÓN

Sobre acciones sutiles y principios

A lo largo de este libro encontrarás dos términos muy importantes: *principio* y *acción sutil*. En este contexto, *principio* se refiere a un estado de conciencia que al despertar te permite conocer algún aspecto de tu experiencia inmediata (figura 1). Por ejemplo, percibir la transformación constante de una sensación de tensión en el cuello. Por otro lado, una *acción sutil* es aquella que te ayuda a despertar dicho principio. La figura 1 lo resume.

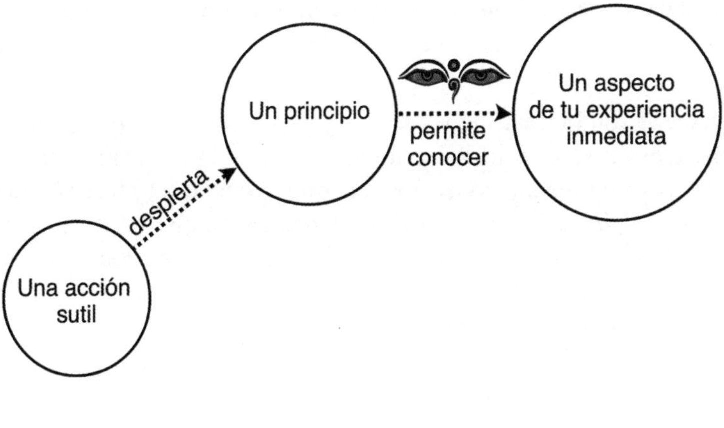

Figura 1. La relación acción sutil-principio-conciencia

Siguiendo el ejemplo anterior, lo que despierta tu capacidad de percibir la naturaleza cambiante de una sensación es la *acción sutil* de abrir el sentido del cuerpo (figura 2). El calificativo de sutil, se debe a que más que ser una acción física es una intención que activa y orienta funciones de la mente tales como la atención, la percepción y la sensibilidad sensorial. Además, las acciones sutiles sugieren y propician una actitud ante lo que percibes y sientes.

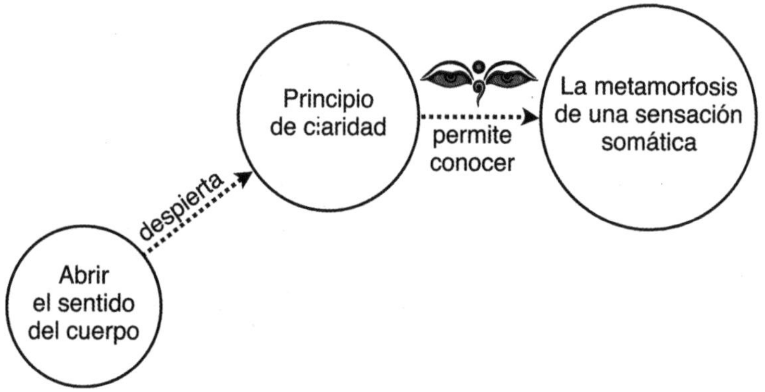

Figura 2. Ejemplo de la relación acción sutil-principio-conciencia

Conocer a fondo las acciones sutiles y permitir que se despierten los principios en un equilibrio orgánico y sin tensión es el entrenamiento básico de la meditación. A medida que aprendas a trabajar con las *acciones sutiles* irás descubriendo los *principios* que se despiertan a través de ellas. Con constancia, la misma familiaridad con las *acciones sutiles y principios* permitirá que se integren en una meditación cada vez más sencilla y espontánea.

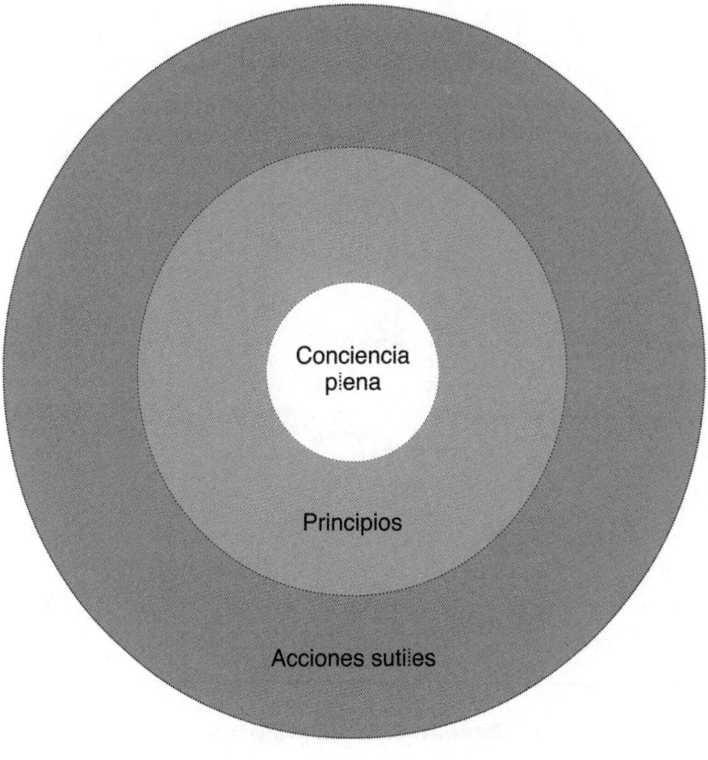

Figura 3. Los tres círculos

La figura 3 es una representación concisa de esta descripción. Se muestran tres círculos; el círculo externo corresponde al nivel de las *acciones sutiles*, lo que depende de ti en la meditación. El círculo medio corresponde al nivel de los principios –o estados de conciencia– que se despiertan y te permiten conocer algún aspecto de tu experiencia inmediata del cual no te habías percatado antes. Finalmente, el círculo central representa los estados de conciencia que surgen de la integración de los cinco principios.

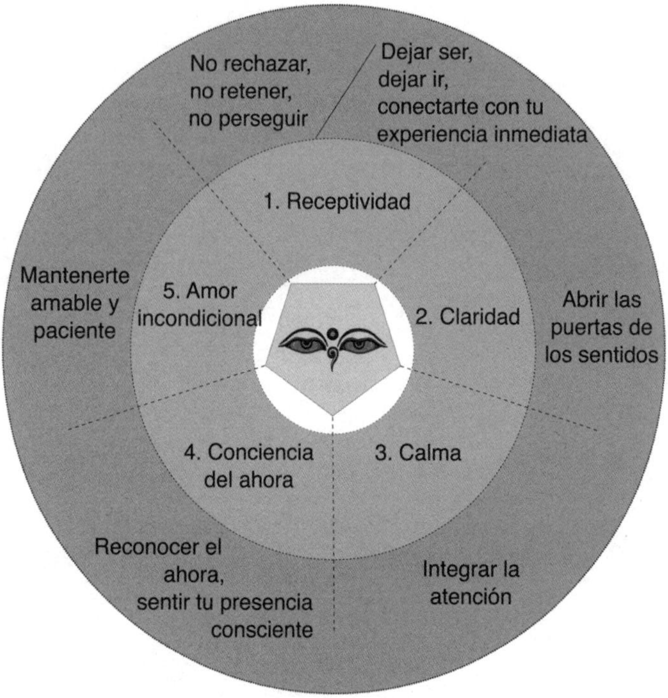

Figura 4. Los cinco principios

La figura 4 muestra las acciones sutiles y los principios en los tres círculos. El modelo circular ilustra la relación no lineal que hay entre acciones y principios, presentándolos como partes de un todo en colaboración interdependiente y dinámica. El surgimiento de la conciencia plena, representado por el círculo central con los "ojos de sabiduría",* ilustra que la conciencia plena es donde convergen los principios. Otra manera de ver el círculo central es como estados de conciencia claros y lúcidos latentes, en los seres humanos, y que se despiertan a través de los cinco principios.

* He adoptado el símbolo tibetano de los ojos de sabiduría para ilustrar el despertar de estados de conciencia más abiertos y profundos.

Los cinco principios de la meditación de conciencia plena

He aquí una tabla que muestra las acciones sutiles, los principios que despiertan y el conocimiento que te revelan en la meditación de conciencia plena.

Acción sutil		Principio	Te revela
No rechazar, retener; perseguir experiencias		Receptividad	Tu experiencia inmediata sin mediación de conceptos
Abrir las puertas de los sentidos		Claridad	La constante transformación de todo lo que percibes o sientes
Permitir que se integre la atención	Despierta	Calma	La calma psicofísica que integra y estabiliza tu atención
Reconocer el ahora, abrirte a un sentido de totalidad y dejar ir al meditador		Conciencia del ahora	Toda tu experiencia invariablemente ocurre en el ahora. El ahora es actualización. Tu sentido de ser en el ahora es transparente y ligero
Mantenerse amable y paciente		Amor incondicional	Es posible conectarse de corazón con todo y todos. Un estado de conciencia espontáneamente apreciativo y empático

Tabla 1. Los cinco principios en diagrama

Si bien cada acción sutil es distinta, los principios que se despiertan a través de ellas colaboran de manera orgánica y unificada. Asimismo, las acciones sutiles solo funcionan cuando no son duras ni forzadas, sino suaves y sin tensión; la energía que requieren es mínima, parecida a la que aplicas para contemplar y disfrutar el juego de luz, color y transformación de una puesta de sol.

En el siguiente capítulo examinaremos detenidamente cada uno de los cinco principios con sus respectivas acciones sutiles, e intentaremos evocar el conocimiento que permiten y los estados de conciencia que surgen de ellos.

3. RECEPTIVIDAD

> Trata de ser como el espacio, Rahula, así, cuando surjan contactos agradables o desagradables, no invadirán tu corazón ni se alojarán en él, pues el espacio no ocupa un lugar propio.[6]
>
> EL BUDA

Ser un anfitrión generoso

Al despertar la receptividad, se genera una actitud parecida a la de un anfitrión increíblemente generoso que ha invitado a todo el mundo a una gran fiesta, la fiesta de la conciencia plena, y recibe a todos sus invitados por igual, con una receptividad fuera de juicios.

La acción sutil que despierta el principio de receptividad tiene tres facetas: *no rechazar, no retener, no perseguir*. Por supuesto, estas son un planteamiento de no-acción: te piden dejar de hacer algo, su efecto es desactivar los impulsos habituales de rechazar, retener y perseguir experiencias.

Como se irá haciendo patente, estas acciones sutiles inciden directamente en los dos lados de una misma moneda: la tendencia a fijar en la mente algo que percibes o sientes. *Rechazar* es el lado negativo de esta tendencia, la que –paradójicamente– intenta fijar algo para luego excluirlo de la experiencia consciente; por ejemplo, cuando sientes tristeza y sin darte cuenta tratas de eliminar el sentimiento de alguna manera, para lo cual primero tienes que convertirlo en algo eliminable fijándolo en la memoria. Por otro lado, *retener* es el lado positivo, la tendencia a fijar y quedarte con algo que surge en el campo de percepción, por ejemplo, una sensación placentera que aparece en la meditación y quieres que no se te escape. En el sentido que se usa aquí, "positivo" y "negativo" no son juicios de valor (bueno o malo), sino de tendencia o función (alejar o atraer), como las dos fuerzas de un imán, negativa de un lado y positiva del otro.

El problema de tratar de capturar algo del campo de percepción y fijarlo en la mente, ya sea para rechazarlo o para retenerlo, es que la acción misma lo convierte en una abstracción que representa dicha experiencia, alejándote de la experiencia en sí. De esta manera, lo que terminas rechazando o reteniendo son representaciones mentales ya alejadas y desvinculadas de la realidad compleja, cambiante y abierta de la cual alguna vez fueron expresiones efímeras en el ahora. Por ejemplo, cuando tienes un sentimiento de enfado, si lo rechazas, tenderá a convertirse en "algo" que no quieres experimentar y que parece haberse alojado en la mente y en el cuerpo emocional. Ese algo es solo una abstracción que representa una emoción, pero que te aleja de experimentar directamente la emoción de enfado y su expresión en múltiples sensaciones en el cuerpo.

Área de aplicación

El principio de receptividad, así como su acción sutil triple que veremos a continuación, se aplica a todo lo que surge en la meditación en los seis campos sensoriales: la vista, el oído, el olfato, el gusto, el tacto y la mente (que aquí equivale a decir los pensamientos), la cual se considera un sentido más. En cada uno de estos campos percibes imágenes o impresiones sensoriales acompañadas de sensaciones.

Olores, sabores, sonidos, imágenes visuales, sensaciones en el cuerpo –muchas de ellas relacionadas con emociones– y pensamientos son todos ellos imágenes o impresiones sensoriales que se producen en sus respectivos campos sensoriales. Los pensamientos surgen en el campo sensorial que denominamos *la mente*. Entre los pensamientos se incluyen los conceptos, los juicios, los significados y las definiciones; todos ellos construidos y elaborados a partir de recuerdos de experiencias pasadas que originalmente involucraron alguno de los cinco sentidos físicos. El principio de receptividad y las tres acciones sutiles que lo despiertan se aplican a todas estas impresiones sensoriales. Examinemos las acciones sutiles en detalle.

No rechazar

Rechazar se refiere al impulso reactivo que intenta excluir o eliminar algo que estás sintiendo o percibiendo. Su expresión puede ir desde una renuencia sutil a experimentar una sensación, una emoción o un pensamiento que ha surgido en el campo de percepción hasta batallar intensamente para deshacerte de ella.

La raíz del impulso de rechazar se encuentra en las reacciones instintivas contra la irritación o el peligro (como protección y búsqueda de seguridad del cuerpo físico). Sin embargo, con bastante frecuencia estas reacciones se disparan innecesariamente hacia estímulos totalmente inofensivos y más aún hacia el contenido de tu propia mente, es decir, hacia las personas, situaciones u objetos representados en un escenario imaginado.

La acción sutil de no rechazar te sensibiliza para reconocer cuándo una reacción de rechazo se ha activado y te permite desistir de la intención que la impulsa. Cuando en la meditación aparece una sensación desagradable, por ejemplo, tensión en los hombros, y te dejas ir con la reacción de aversión, notarás cómo surge un impulso casi totalmente automático de luchar contra esa sensación: intentar cambiarla, eliminarla, reducirla, dominarla. Y si no puedes deshacerte de ella, a menudo optas por ignorarla, lo cual en meditación es contraproducente, como veremos más adelante.

Al meditar te entrenas en mantener un estado al mismo tiempo lúcido y relajado. De esta manera puedes percibir cuándo la atención se dirige hacia un sonido, una sensación física, una emoción o un pensamiento que no te gusta y se dispara la intención de excluirlo de la experiencia, de eliminarlo del campo sensorial. En ocasiones esta reacción es muy notoria, pero a veces es bastante sutil y parece estar invitando amablemente a esa sensación a irse a otra parte. Al iniciarte en la práctica de meditación notarás principalmente las reacciones de rechazo más evidentes y superficiales, después comenzarán a revelarse sus versiones más sutiles y profundas.

Acción sutil afirmativa

La versión afirmativa de esta misma acción sutil es *dejar ser*. Aquí es muy importante subrayar que no se trata de un tibio e indiferente dejar ser, pariente de la resignación o la indiferencia. No se trata de una aceptación superficial, sino de la intención de no perturbar el transcurrir natural de una sensación, emoción o pensamiento. Más aún, *dejar ser* no conlleva aprobación ni contiene juicio de valor alguno, es simplemente la disposición a conocer a fondo un fenómeno de tu experiencia. Por ejemplo, un sentimiento de tristeza, *dejarlo ser* es aceptarlo para poder descubrir su calidad energética y su naturaleza cambiante, lo cual tenderá a integrarlo.

Dejar ser consiste simplemente en mantener la misma receptividad lúcida hacia lo que sientes agradable como hacia lo que sientes desagradable en la experiencia meditativa. Visto de otra manera, el principio de receptividad es ecuanimidad, un término que proviene de dos palabras: "igual" y "ánimo" o "espíritu". Y el espíritu con el que recibes todo por igual en la conciencia es una lucidez amable y espaciosa donde todo cabe, nada falta ni sobra.

En efecto, de esta manera dejarás de alimentar los impulsos reactivos de rechazar y despertarás una mirada curiosa y profunda cuyo óptimo funcionamiento se da en el entorno abierto de la receptividad. Es decir, te estarás dando la oportunidad de conocer a fondo la naturaleza viva de lo que percibes y sientes, en vez de simplemente tratar de eliminarlo.

Indagar en la experiencia

Durante la meditación mantén una disposición activa a sentir que equivale a preguntarte: *¿Hay algo que no esté dispuesto a experimentar?* Puedes formularte esta pregunta mentalmente, mas su propósito no es llevarte a un análisis, ni encontrar una respuesta conceptual, sino despertar una sensibilidad que te revelará si está presente una acción de rechazo, por sutil que sea. Entonces relaja la tendencia a rechazar. *Deja ser* lo que estabas tratando de excluir y experiméntalo con receptividad.

En los cursos de meditación, los participantes frecuentemente preguntan cómo dejar de rechazar. No es fácil encontrar palabras para responder, pues en cierto sentido dejar ser es tan sencillo como soltar un objeto que estás sujetando con las manos. Sin embargo, cuando el impulso habitual de rechazar es muy intenso esta simple acción te parece una tarea imposible, en parte porque no has descubierto aún la intención de rechazar. Introducir una respuesta receptiva en una situación donde hay un hábito inconsciente de rechazo requiere percibir íntima y amablemente la intención, el proceso de reacción y la contracción física que conlleva y permitir que se desactiven sin emplear juicios ni añadirle significados.

Hay una advertencia que es importante considerar con respecto a las sensaciones corporales: no se trata de aprender a ignorar el dolor físico cuando es, en efecto, una alarma del cuerpo de que hay riesgo de lesión o algo anda mal en el organismo. En la meditación uno establece una postura que no pone en riesgo coyunturas ni ligamentos (véase el capítulo “La postura” pág. 161). Si la postura es correcta, cuando surge una sensación desagradable, simplemente la experimentas con una lucidez curiosa e imparcial, pues la conciencia receptiva es el medio idóneo para que se relaje por sí sola. Sin embargo, es importante distinguir cuándo la intensidad de la sensación es una molestia corporal relacionada con una tensión emocional y cuándo se trata, en efecto, de una alarma del organismo por un daño que puede estar ocurriendo en una articulación, una lesión previa o, peor aún, un proceso infeccioso.

No retener

En el sentido que aquí nos interesa, retener quiere decir intentar aferrarte a algo que estás percibiendo o sintiendo, con la intención de que se quede o domine tu experiencia.

Así como rechazar está vinculado con una reacción instintiva de eliminar una sensación desagradable que parece amenazarte, retener está ligado con el impulso instintivo de poseer una sensación agradable que esperas que te traiga seguridad. Por ejemplo, en la meditación a veces surgen momentos muy placenteros en que se aquietan los ruidos del entorno y te encuentras en una especie de capullo silencioso. Usualmente no te das cuenta de que te apegas a esta experiencia hasta que surgen sonidos fuertes y te sientes decepcionado o molesto porque te arrebataron tu preciado silencio.

El impulso de retener tiene sus raíces en el instinto de mantener el cuerpo físico en una situación que le es benéfica o que le brinda protección. La meditación no intenta –ni puede– interferir en el funcionamiento sano de este instinto, sino en una reactividad habitual que se enreda fácilmente con abstracciones y fantasías, trayéndote una angustia innecesaria. La reacción de retener puede ir desde un tímido intento por prolongar una experiencia, hasta una intensa inversión de energía adictiva. La intención, a menudo inconsciente, es fijar una experiencia usualmente placentera –aunque no siempre, como veremos más adelante– que surge en el campo sensorial y convertirla en algo privilegiado y duradero.

Tratar de retener es un hábito tan arraigado como el de rechazar, que sin darte cuenta se dispara por igual hacia lo que percibes con los cinco sentidos físicos, así como hacia palabras y pensamientos.

La acción sutil de *no retener* te sensibiliza para descubrir cuándo se ha disparado el impulso y te permite soltarlo. Por ejemplo, si en la meditación surge una sensación agradable en el cuerpo o un pensamiento atractivo, esta acción sutil te permitirá darte cuenta, cuando surge un impulso casi automático, de retenerla o prolongarla, y al darte cuenta podrás soltarla sin esfuerzo.

Darle su lugar al placer

En la meditación, como en la vida, hay situaciones o experiencias que te resultan agradables o placenteras, especialmente cuando se están satisfaciendo necesidades o aspiraciones importantes, y es natural disfrutarlas mientras pasan (por ejemplo, disfrutar de una buena cena, escuchar una buena música, o ver florecer un proyecto que beneficia a muchas personas). La actitud meditativa está basada en considerar el placer y el dolor como experiencias naturales que, si bien tienen un calidad particular, comparten la naturaleza cambiante, abierta y fluida de todo.

Ahora bien, en el caso de dejar ir lo placentero, hay que tener cuidado de no convertirlo en lo contrario: *rechazar* lo que es placentero, pues no se trata de algo malo que hay que eliminar, sino de no interferir con su proceso natural de surgir, transcurrir y pasar. En la meditación esto quiere decir recibir la sensación placentera y disfrutarla sin prisas mientras transcurre, se transforma y pasa (por ejemplo, un momento gozoso de tranquilidad y silencio).

En la medida en que madure la práctica, comenzarás a notar que la actitud ecuánime hacia la experiencia sensorial, cognitiva y emocional tiene un efecto que te puede tomar por sorpresa. Al desistir de intentar rechazar lo desagradable y retener lo placentero te estás colocando en el corazón mismo de la ecuanimidad. Desde este centro abierto, lo desagradable resulta menos oneroso y más revelador, pues dejas de tomarlo como una amenaza personal. Asimismo, lo placentero lo experimentas más plenamente y sin la ansiedad de que termine, pues dejas de buscar un sentido de seguridad en ello. El siguiente verso expresa esto de una manera muy bella:

Aquel que se apega a una alegría
destruye una vida con alas.
Mas quien besa al vuelo la alegría
vive en el amanecer de la eternidad.

WILLIAM BLAKE[7]

El apego a lo doloroso

Aquello a lo que te aferras no siempre es algo agradable o placentero. Este es el caso sobre todo de los recuerdos dolorosos y los patrones mentales y emocionales que se construyen alrededor de ellos. Lo puedes notar cuando la mente de pronto se convierte en una especie de reproductor de vídeo enloquecido que repite las escenas más desagradables de una situación. Quizás alguien te dijo algo que te ofendió y lo revives una y otra vez mientras reaccionas repetidamente al dolor de recordarlo, alimentando aún más el enfado y los juicios, con lo cual se disparan abundantes emociones aflictivas. En efecto, estás actuando como una polilla que choca una y otra vez contra la lámpara que la atrae y la quema. A veces puede parecerte que encuentras cierto placer en el dolor que te provocan esas emociones, aunque ciertamente no es algo que harías con tu propio cuerpo –a nadie le gusta repetir una y otra vez un golpe que se dio en la cabeza contra un poste en la calle–. Lo haces principalmente con recuerdos dolorosos hacia los cuales se ha orientado tu sentido de ser; como si repetir mil veces el recuerdo de una ofensa te diera un sentido de solidez más fijo y definido. En un conocido pasaje de las escrituras antiguas, se atribuye al Buda esta enseñanza:

«Me maltrató, me golpeó, me derrotó, me robó».
El odio de aquellos que almacenan tales pensamientos jamás se extingue.
«Me maltrató, me golpeó, me derrotó, me robó».
Quienes no albergan tales pensamientos se liberan del odio.
El odio nunca se extingue por el odio en este mundo;
solamente se apaga a través del amor.
Tal es una antigua ley eterna.[8]

Aferrarse a pensamientos dolorosos es un hábito arraigado que muchas personas tenemos que desaprender. La práctica de conciencia plena te revela el apego a pensamientos dolorosos que por años han ocupado mucho espacio mental y energía emocional para mantenerse vivos. Es de gran importancia darles todo el espacio lúcido y amable del estado de presencia sin reprimirlos ni alimentarlos más.

Cuando sueltas un patrón de apego a un evento doloroso del pasado, claramente puedes sentir que el cuerpo físico se destensa, la energía emocional se relaja y la mente se expande mientras se disuelve la fantasía dolorosa. En algunos casos, la conciencia meditativa puede ser tan lúcida que eres capaz de soltar de golpe un asunto incompleto y doloroso que venías cargando desde hacía tiempo, y experimentas entonces una apertura muy liberadora. Con la meditación, tarde o temprano te das cuenta de que son solo creaciones de la mente en una realidad virtual.

Acción sutil afirmativa

La formulación afirmativa de esta acción sutil es: *dejar ir*. Debe ser entendida como disfrutar sin apego las sensaciones agradables y experimentar su transformación en otro tipo de experiencia con distinta calidad sensorial. Dejar ir se aplica por igual al apego a sensaciones, emociones o pensamientos dolorosos. Al cobrar conciencia de las sensaciones o pensamientos sin aferrarte a una sensación ni dejarte seducir por el argumento de los pensamientos, te brindas la oportunidad de conocer su textura natural, la cual puedes experimentar simplemente como energía en transformación.

Indagar en la experiencia

Durante la meditación mantén viva una curiosidad equivalente a preguntarte: *¿Hay algo que no esté dispuesto a soltar?* Si formular la pregunta en la mente te lleva inevitablemente a un análisis conceptual, es mejor que, en lugar de planteártela de forma explícita, invoques una curiosidad que te revele la intención de aferrarse. Si descubres que estás tratando de retener o prolongar algo placentero o de elaborar y fantasear con resentimientos, simplemente déjalos ir.

¿Cómo soltar? ¿Cómo dejar ir? Es difícil encontrar las palabras para responder a estas preguntas, en parte porque soltar es tan sencillo como abrir la mano y dejar caer algo que estabas sujetando, y en parte porque a veces este simple acto parece imposible. La efectividad de soltar está relacionada con el grado de claridad con que identifiques el impulso de agarrar, el cual puedes reconocer como una intención de contraer y sujetar perceptible en el cuerpo. Es a menudo esta contracción la que te revela que estás aferrándote a algo. Entonces, con amabilidad y paciencia, desistes de la intención o impulso de agarrar, notando que al mismo tiempo se relaja la tensión y se abre la mente.

No perseguir experiencias

Perseguir se refiere a la ansiedad por lograr una experiencia específica que quisieras tener en la meditación. Puede ser una sensación física, un estado mental, una emoción o una experiencia que has idealizado. Lo notas cuando de pronto irrumpe una inquietud: el deseo de experimentar *algo*. Este impulso tenderá a apartarte de la experiencia presente que tal vez te está pareciendo aburrida o incompleta. A veces te asalta la sospecha de que debería estar sucediendo algo distinto o más interesante, y te afanas en tratar de lograr una experiencia particular que se parezca a tu idealización.

El problema que conlleva perseguir una experiencia radica justo en que para hacerlo se requiere formar una abstracción o idealización, lo cual te aleja del contacto con tu experiencia inmediata. Si te das cuenta de que estás persiguiendo algo en la meditación, activa suavemente la acción sutil de *no perseguir experiencias,* o su versión afirmativa: *contactar con la experiencia inmediata.* La intención es conectarte con curiosidad y lucidez con lo que está presente en la percepción en el momento presente y dejar así de perseguir experiencias.

Indagar en la experiencia

Durante la meditación mantén vivo un filo en tu percepción como si la pregunta silenciosa y relajada *¿Hay algo que esté persiguiendo?* siempre estuviera presente. No es necesario formularte la pregunta explícitamente, sino reconocer y sentir el impulso de perseguir algo y reconectarte con lo que está presente en tu percepción.

Familiaridad con la práctica

En un inicio es probable que *no rechazar, no retener* y *no perseguir* (o expresado en su versión positiva: *dejar ser, dejar ir, conectarte con tu experiencia inmediata)* sea una instrucción que requiere más intencionalidad para traducirse en algo práctico. Quizás en un inicio no sepas exactamente cómo se aplica ni con respecto a qué se aplica. No obstante, si perseveras en la práctica descubrirás que el principio de receptividad es sencillamente una actitud relajada de aceptación y curiosidad que te revela las reacciones habituales que se disparan con frecuencia hacia lo que percibes, sientes o piensas y que permite que se disipe la energía que impulsa la reacción.

Ahora bien, cuando te inicias en la práctica, es fácil dejarte ir con la tendencia a perseguir un estado idealizado de total ausencia de estas reacciones, lo cual, como hemos visto, es contraproducente. La tarea es sencillamente dejar ser y dejar ir cada vez que sea necesario, y al mismo tiempo conectarte con tu experiencia inmediata. El efecto que esto tendrá en tus estados mentales se dará por sí solo.

Resumen y memoria

Hasta este punto hemos explorado el principio de receptividad. La tabla 2 resume las acciones sutiles que activan el principio y la indagación que provee profundidad.

Acción sutil	Indagar en la experiencia
No rechazar/dejar ser	¿Hay algo que no esté dispuesto a experimentar?
No retener/dejar ir	¿Hay algo que no esté dispuesto a soltar?
No perseguir/contactar con tu experiencia inmediata	¿Hay algo que esté persiguiendo?

Tabla 2. Principio de receptividad

4. CLARIDAD

Entonces, Bahiya, así has de entrenarte: En lo visto habrá solo lo visto, en lo oído solo lo oído, en lo pensado solo lo pensado, en lo percibido solo lo percibido.[9]

El Buda

Si las ventanas de la percepción estuviesen limpias,
cada cosa parecería al hombre como es, infinita.
Pero el hombre se ha recluido hasta no ver las cosas
sino a través de las aberturas de su caverna.[10]

William Blake

Introducción

Este principio se entrelaza orgánicamente con el de receptividad que acabamos de ver. La práctica de conciencia plena se basa en una percepción desnuda de lo que surge en los sentidos momento a momento tal como es, sin convertirlo en conceptos. Para ello es necesario que las puertas de los sentidos estén bien abiertas y que tu percepción sea tan clara como un espejo liso y limpio.

Abrir las puertas de los sentidos

Abrir las puertas de los sentidos es la acción sutil que despierta el principio de claridad y es una metáfora que describe el acto de cobrar conciencia del transcurrir de las impresiones sensoriales y su efecto inmediato en el cuerpo, las emociones y la mente. Veamos qué aspectos de la percepción están involucrados en abrir las puertas de los sentidos y despertar el principio de claridad.

Las funciones que colaboran en la percepción sensorial

Las puertas de los sentidos son seis, cada una se abre a un campo sensorial distinto. Una da al campo visual, otra al auditivo, y así sucesivamente en los seis campos sensoriales. Por lo tanto, cada una de ellas se relaciona con un órgano sensorial específico: el ojo, el oído, la nariz, la lengua, el cuerpo y la mente.

Uno podría suponer que el hecho de que esté abierta la puerta del órgano que capta los estímulos sería suficiente para estar conscientes de las impresiones sensoriales de ese sentido, pero esto no es necesariamente así. Puedes, por ejemplo, tener los ojos abiertos pero "estar en las nubes" mientras pasa frente a ti algo o alguien y no darte cuenta de ello, en efecto, no verlo.

Para propósitos prácticos consideramos que hay cuatro factores que colaboran para crear la percepción consciente de algo: 1) la energía de una vibración (luz, sonido, temperatura, sensación física, etc.); 2) un órgano sensor que la capte (ojo, oído, cuerpo, etc.); 3) el proceso cerebral-mental que convierte la señal en una impresión sensorial dinámica, y 4) la experiencia de ser consciente de ella, que involucra para ello diferentes niveles de atención.

Las impresiones sensoriales que percibes se forman en la mente a partir de la energía que captas a través de los órganos de los sentidos.* Por ejemplo, la luz que el ojo capta es traducida por las células ópticas en señales que el córtex visual del cerebro convierte en una impresión sensorial de la cual puedes darte cuenta: algo que ves. Igual sucede con los demás sentidos, toda percepción es energía cap-

* Cada órgano sensorial está especializado en captar cierto tipo de energía (por ejemplo, los ojos captan la energía de la luz; los oídos, la energía que viaja en las ondas sonoras, etcétera).

Figura 5. Las funciones que interactúan en la percepción

tada e interpretada y procesada por las funciones del cerebro-mente* que la convierten en una impresión sensorial dinámica de la cual puedes volverte consciente.

Este proceso se da en los cinco sentidos físicos y en el sentido de la mente y en su operación es interdependiente; es decir, todo lo que percibes ha involucrado necesariamente la interacción dinámica de estas cuatro funciones. La percepción es un acto creativo y dinámico, no un simple captar algo que ya está formado afuera. De tal manera que no es que escuches el canto de un pájaro que llega a tus oídos

* Utilizo el término "cerebro-mente" para expresar la interrelación inseparable que hay entre el proceso neurológico y la experiencia mental, ambos involucrados en la percepción consciente.

como tal, sino que la colaboración e interdependencia del cerebro-mente con los oídos, la vibración sonora y la conciencia de ello crea la experiencia de percibir el sonido que escuchas.

Saber esto es relevante para el principio de claridad de tu práctica meditativa, puesto que la metáfora de abrir las puertas de los sentidos invita a la acción sutil que integra la colaboración de los cuatro factores de la percepción en los distintos campos sensoriales.

El efecto de abrir las puertas

Cada vez que te sientas a meditar es una oportunidad para darte cuenta de cuándo las puertas de los sentidos se han comenzado a cerrar. Cuando esto sucede, típicamente notas que la percepción se vuelve opaca, atenuada y distante; incluso puedes desconectarte totalmente de los sentidos y perderte en una especie de cueva privada y aislada. Otras veces la desconexión sensorial y la pérdida de claridad suceden porque te metes de lleno en los escenarios de la realidad virtual de futuro o de pasado.

La acción de abrir las puertas de los sentidos es, en efecto, sutil, mas su efecto es muy notorio. A veces se percibe tan claramente como si te hubieses quitado los tapones de los oídos o como si se hubiera pasado el efecto de un anestésico. En otras ocasiones se asemeja a limpiar una fina capa de vaho que se había acumulado en un espejo, devolviéndole su claridad y transparencia. Desde el inicio de la práctica, abres las puertas de los sentidos intencionalmente, y si a través de la sesión se comienzan a retraer, las abres nuevamente, y así cuantas veces sea necesario.

La coloración agradable-desagradable

Al abrir los sentidos descubrirás que cualquier impresión de los seis campos sensoriales se siente ya sea agradable, desagradable o neutra. Es decir, experimentas que tal sonido es agradable, esta otra sensación en el hombro es desagradable, tal estado de ánimo es placentero, este pensamiento es doloroso, etc. Entre los extremos de lo agradable y lo desagradable hay una escala de grados o intensidades. Algunas sensaciones claramente parecen encontrarse del lado de lo agradable (o placentero), otras del lado de lo desagradable (o doloroso). Normalmente, la mayoría de los estímulos con los que contactas a través de los sentidos se sienten neutrales

Figura 6. Escala agradable-desagradable

La sensación agradable, desagradable o neutra que acompaña las impresiones sensoriales es una señal generada por el cerebro-mente y empaquetada junto con lo que percibes con el propósito de que puedas reaccionar o responder a una situación. La secuencia es simple: sientes una sensación desagradable en el hombro, surge una emoción ligeramente teñida de enfado, y esta hace que muevas el hombro para tratar de eliminar la sensación. Pasa lo mismo con los pensamientos, las sensaciones en el cuerpo, las emociones, etc.

¿En qué se basa el cerebro-mente para etiquetar tal o cual impresión como agradable, desagradable o neutra? Se basa en una evaluación previa realizada por otra función mental que determina que tal o cual estímulo es un evento potencialmente bueno, malo o irrelevante para ti. Esta evaluación toma las experiencias del pasado y las usa para interpretar el presente antes de que te des cuenta de lo que está ocurriendo. Por consiguiente, cuando te das cuenta, lo que percibes ya viene evaluado y marcado con cierto sesgo. Esta evaluación ocurre de manera automática y preconsciente, por lo cual no tienes acceso a modificarla directamente.

Por otro lado, las sensaciones agradables, desagradables o neutras, aunque también surgen de forma automática, son posteriores a la evaluación preconsciente y pueden volverse conscientes en la meditación. Es muy liberador saber que lo agradable o desagradable no es inherente al objeto externo que percibes. No existen sonidos, olores, imágenes, pensamientos, palabras o sensaciones táctiles agradables o desagradables. Lo agradable o desagradable es una sensación que tu cerebro-mente produce y añade al evaluar aquello con lo que contactan tus sentidos. Como hemos visto en el capítulo 3, cuando reaccionas tratando de rechazar las sensaciones desagradables y retener las agradables, tiendes a crear y reforzar abstracciones polarizadas. Esto se debe a que refuerzas la evaluación bueno-malo basada en eventos del pasado.

A través de la meditación puedes cobrar conciencia de las sensaciones agradables o desagradables y descubrir que ocurren y evolucionan de manera distinta según cómo te relaciones con ellas. Si te vas con el instinto de rechazar lo desagradable y apropiarte de lo agradable, estas sensaciones se convertirán en emociones relativamente intensas que tenderán a activar reacciones habituales. Pero si en vez de dejarte ir con estas reacciones permaneces en la no-acción del principio de receptividad mientras sientes cómo transcurren y pasan, otra cosa sucederá: tenderán a replegarse las emociones que estaban a punto de aparecer o que ya se estaban desplegando, y lo mismo sucederá con los impulsos reactivos que estaban a punto de convertirse en acciones, palabras o pensamientos. Lo que acaba de ocurrir internamente es sorprendente: este cambio de respuesta y actitud ha sido informado al mecanismo mental de evaluación, el cual a su vez ha modificado sus criterios y dejado de producir la sensación desagradable o agradable. En resumen: ahora tu mente se ha actualizado.

Visión profunda[11]

Abrir las puertas de los sentidos despierta el principio de claridad, un estado de conciencia claro y lúcido que conlleva una visión profunda de tu experiencia. La visión profunda* no es cuestión de todo o nada. Al iniciarte en la práctica seguramente estarás más dedicado a familiarizarte con el arte de abrir los sentidos y despertar el principio de claridad. Estarás aprendiendo a sentir las impresiones sensoriales, así como la coloración agradable-desagradable de las sensaciones que las acompañan. A medida que la claridad se vuelva más estable, la visión profunda comenzará a desempeñar un papel más preponderante en la meditación, permitiéndote sentir la naturaleza dinámica y transitoria de cada instante de percepción y sensación.

La visión profunda puede tener un efecto radical en ti. Si eres como la mayoría de las personas, estás tan acostumbrado a tomar los objetos de la percepción como algo fijo que ya viene formado como tal y que es independiente de un contexto complejo, que cuando comiences a cobrar conciencia de la constante metamorfosis de lo que percibes, y descubras cómo la manera de relacionarte con ello transforma tu experiencia, y por ende tu propia percepción, estarás llegando a un conocimiento más profundo: la naturaleza interdependiente y cambiante de todo. Este conocimiento, a su vez, te liberará de la tendencia inconsciente de apegarte a una idea fija de las cosas y de construir un sentido de ser –una identidad– con respecto a ellas.

Indagar en la experiencia

En el capítulo 3, sobre receptividad, intercalé varios recuadros titulados "Indagar en la experiencia". En ellos se explica que indagar es instigar una visión profunda e inteligente, mas no es una actividad analítica ni conceptual.[12] Vamos a explorar dos preguntas que son particularmente apropiadas para llevar el principio de claridad a las profundidades de tu experiencia.

* Si bien al decir visión profunda se usa un término del campo visual, no se refiere al sentido de la vista, ni a la imaginación visual. Esta es una metáfora que intenta comunicar la facultad de percibir con profundidad las sutilezas en el transcurrir de las impresiones sensoriales.

¿De qué está hecho esto?

Contemplar las sensaciones del cuerpo desde el filo silencioso de esta pregunta abierta te lleva a descubrir los procesos sutiles internos de una sensación en el cuerpo. La visión profunda que instiga esta pregunta te revelará que tratar de rechazar o retener una sensación es inevitablemente un propósito fallido, pues las sensaciones táctiles no están hechas de nada fijo ni sólido. Darte cuenta de esto trae un profundo relajamiento del cuerpo, a la vez que te permite establecer una relación inteligente con las sensaciones como procesos complejos y fluidos.

Aplicada a un pensamiento, esta pregunta es aún más impactante. Descubrir de qué está hecho un pensamiento no quiere decir analizarlo conceptualmente, sino percibirlo como un evento sensorial fluido, sentir su calidad energética sin asignarle ningún significado. Descubrir que en su aspecto más tangible los pensamientos son solo impresiones sensoriales –al igual que las sensaciones táctiles, los sonidos y los olores– produce un cambio fundamental en tu relación con ellos. Este descubrimiento introduce las condiciones que desactivan los hábitos o patrones mentales compulsivos y te permite llevar sabiduría a la manera en que te relacionas con las ideas y los conceptos.

Con respecto a una emoción, la indagación "¿de qué está hecho esto?" te llevará a descubrir que las emociones son energía en movimiento que toma forma de sensaciones físicas con cierta calidad y de tendencias de pensamiento y acción. Al llevar una mirada profunda y receptiva a los diferentes componentes dinámicos de una emoción comenzarás a relajar tu apego a los objetos mentales y sensoriales a los cuales está vinculada una emoción que te perturba y limita. Este es el despertar de la inteligencia emocional.

¿Qué es esto?

Esta pregunta te sensibiliza hacia la experiencia sensorial viva al tiempo que te sugiere una actitud de curiosidad ante lo que se te presenta a cada instante. El efecto es propiciar una exploración no conceptual de la textura cambiante y fluida de una sensación y así minar la ilusión de identidad fija, sólida y aislada que atribuyes inconscientemente a los fenómenos sensoriales, emocionales y mentales.

Cómo funciona el "indagar en la experiencia"

Las preguntas de indagación en la experiencia no buscan encontrar ninguna respuesta, sino ser preguntas abiertas que despiertan una profunda curiosidad hacia lo que sientes o percibes. Cualquiera de ellas te llevará a descubrir lo que tienen en común todas las formas que percibes: son impresiones sensoriales cambiantes, y más profundamente son la experiencia de energía en constante transformación. De tal manera que descubrir de qué está hecho un sonido te conecta con lo mismo de lo que está hecho un pensamiento o una sensación de tensión en el cuerpo.

Una advertencia es importante. Si tu intención es eliminar la sensación, en cualquiera de los campos sensoriales, la indagación deja de funcionar. Solo funciona en el contexto de receptividad; lo cual implica darle a las sensaciones todo el tiempo y espacio para que transcurran libremente, solo así podrás experimentar su naturaleza dinámica y compleja. A medida que te familiarices más con la práctica, notarás que no hace falta formularte la pregunta de indagación explícitamente, sino solo llevar una mirada profunda a tu experiencia, momento a momento.

El espacio compartido de la conciencia

Antes de examinar el principio de claridad con respecto a cada puerta sensorial, es necesario hacer una aclaración. Estrictamente hablando, cada sentido está confinado a su propio canal y contiene solo formas apropiadas para su medio, por ejemplo, en el sentido del oído solo percibes sonidos y no imágenes y viceversa. Esto es fácil de comprobar porque al cerrar los ojos no dejas de percibir sonidos. Ni una persona que pierde el sentido del oído pierde automáticamente la vista. No solo cada sentido tiene sus propios órganos de detección de determinadas formas de energía, sino que hay áreas del cerebro especializadas en cada sentido. Por consiguiente, a cada sentido le corresponde un campo sensorial: auditivo, táctil, olfativo, etc.

No obstante, en otro nivel, los seis campos sensoriales convergen en una conciencia global, creando, en efecto, un paisaje complejo multidimensional o multisensorial. De tal suerte que en la meditación puedes enfocarte en un solo campo sensorial, en una combinación de ellos o en todos simultáneamente. Cuando te enfocas en todos ellos al mismo tiempo, surge la experiencia de un campo unificado de conciencia: una textura en constante cambio donde coexisten armoniosamente sonidos, sensaciones táctiles, olores y pensamientos.

Habiendo aclarado esto, a continuación vamos a examinar el principio de claridad desde la perspectiva de cada campo sensorial.

El sentido del oído

Abrir la puerta del sentido del oído es cobrar conciencia del campo auditivo de manera global, incluyendo el silencio que se encuentra en*tre* los sonidos o detrás de ellos.

Cuando abres esta puerta, puedes sentir el espacio auditivo expandirse abarcando un universo de sonidos cercanos y lejanos, de distintas intensidades, duraciones y cualidades. También puedes reconocer el espacio vacío que rodea a la percepción auditiva y que no contiene ningún sonido en sí, es el silencio que te permite distinguir los sonidos, el lienzo vacío tras el paisaje sonoro, sin el cual no escucharías los trazos de las vibraciones dibujadas en el aire y convertidas en impresiones auditivas en la mente.

Al abrir las puertas del sentido del oído, das cabida a todos los sonidos simultáneamente en el espacio de la conciencia auditiva. Cuando escuchas de esta manera, los sonidos no vienen etiquetados con un nombre o concepto, aunque a veces parece casi inevitable vislumbrar fugazmente su etiqueta verbal o visual. Dependiendo de cómo vengan marcados por la mente en la escala agradable-desagradable, los diferentes eventos de este paisaje sonoro abierto despiertan en ti reacciones sutiles que puedes sentir en el cuerpo, algunas más intensas que otras y hasta sobresaltos. Durante la meditación, permites que la atención se calme, no la diriges de un lado a otro buscando qué escuchar o intentando capturar algún sonido especial. Solo dejas ser y dejas ir los sonidos mientras surgen, se transforman y se disuelven.

Es posible meditar manteniéndote más atento al campo sensorial auditivo que a los demás sentidos, y es una excelente meditación (pág. 145). Al meditar con atención consciente en la conciencia auditiva, naturalmente experimentarás mayor presencia de los sonidos con respecto a los demás sentidos. No obstante, aún en la meditación con atención consciente en el campo auditivo es natural percibir estímulos y objetos de otros campos sensoriales justo porque los percibes en el espacio compartido de la conciencia. Darles cabida en este espacio abierto es siempre la mejor opción. Como vimos en el principio de receptividad, la actitud óptima del meditador es ser un anfitrión generoso de la gran fiesta de la conciencia.

Una experiencia personal con el sonido

Cuando comencé a practicar la meditación budista en México, los domingos por la mañana acostumbraban ubicarse en la acera, precisamente afuera y abajo del salón de meditación, un músico de pueblo con su trompeta y su acompañante al tambor. Parecía que nos habíamos sincronizado con él, pues en cuanto el instructor había terminado su explicación y tocaba la campana para iniciar la práctica meditativa, ellos comenzaban a tocar. Casi parecía que habían permanecido en un silencio respetuoso mientras recibíamos las instrucciones y en cuanto nos acomodábamos en nuestros banquitos y nos disponíamos a meditar, ellos iniciaban el concierto con nosotros como público cautivo. Nuestro guía ya conocía esta rutina y lo tomaba incluso con humor y entre sus instrucciones se aseguraba de recomendarnos que mantuviéramos la mente flexible, dando libre cabida a cualquier evento inesperado. Los primerizos no comprendíamos del todo el porqué de esta recomendación hasta que empezaba la música.

Siendo compositor de profesión, al inicio me costaba mucho trabajo no tomar dictado mental de aquellas melodías. Durante incontables sesiones estuve luchando contra la tendencia a escuchar el resto del probable arreglo musical que sugerían las notas y los silencios. Realmente parecía una tarea imposible. Ya estaba llegando a la conclusión de que, como resultado de mi entrenamiento en el conservatorio, mi mente en esas cuestiones era totalmente dueña de sí misma y no obedecería a otro amo. Ocasionalmente, cuando salíamos de la sesión, yo me asomaba a la puerta con el ceño fruncido y la mirada enfadada para confrontar a los inoportunos intérpretes de aquella música. Pero usualmente ya se habían marchado o se escuchaban en calles lejanas.

Hasta que un día comprendí lo que quería decir mantener la mente flexible: dar siempre cabida a un nuevo invitado sensorial dentro del espacio lúcido e ilimitado de la experiencia consciente. Entonces pude continuar con mi meditación sin que me distrajera la música. La meditación se había vuelto una textura integrada y abierta donde ningún elemento de la percepción era más importante que otro. En este entorno inclusivo y generoso, los impulsos automáticos por solfear la música y deducir los arreglos comenzaron a perder fuerza, hasta que dejaron de surgir.

En cuanto aprendí a estar en paz con los sonidos de la trompeta y el tambor, comencé a reconocer la espaciosidad de la conciencia auditiva. Poco después, los intérpretes misteriosos se fueron con su música a otra parte y no volvieron más.

El sentido del cuerpo

Abrir la puerta del sentido del cuerpo* es tan importante que ocupa un lugar privilegiado en varias escuelas de meditación que se centran justamente en la conciencia plena de las sensaciones del cuerpo.[13] Hay tres razones fundamentales por las cuales es crucial abrir las puertas del sentido del cuerpo.

La primera es que del cuerpo proviene información valiosa sobre la integridad y el estado de salud de los órganos y tejidos que sostienen la vida del organismo físico. Lo cual no es necesariamente el caso con los demás sentidos. Por ejemplo, puedes estar meditando cuando surge un sonido como un ruido de un auto o una melodía lejana y más o menos pronto permitir que se integre con el resto de la textura sensorial sin perturbarte. Pero no es igual de fácil integrar un dolor en el hombro, la tensión de una pierna dormida o la comezón en la nariz. Muchas sensaciones del cuerpo parecen exigirte irrevocablemente una atención especial y una acción inmediata. Hay una especie de urgencia básica en los mensajes sensoriales del cuerpo.

La segunda es que todos los órganos de los sentidos son parte del cuerpo. Ojos, nariz, orejas y oídos, lengua y cerebro y sistema nervioso son parte del cuerpo; en última instancia, el cuerpo es el receptor de todo lo que entra por los sentidos.

La tercera razón es aún más crucial para tu práctica: en el cuerpo sientes las sensaciones con calidad agradable-desagradable ligadas a las impresiones de todos los sentidos; también en el cuerpo sientes tu expresión emocional e incluso las acciones que están a punto de iniciarse impulsadas por las emociones. En la meditación te percatas de tus emociones e impulsos tal como se reflejan en los gestos corporales y faciales, en las sensaciones de contracción y relajamiento y el movimiento sutil de la energía que ocurren en el cuerpo como una danza interminable. Es justamente en las distintas sensaciones

* Estoy usando la expresión "sentido del cuerpo" para incluir una amplia gama de sensaciones perceptibles en el cuerpo físico, en vez del término "sentido del tacto", que es una clasificación más común en Occidente pero que se entiende como las sensaciones de contacto con la piel solamente.

que surgen en el cuerpo donde puedes identificar con bastante rapidez cómo te sientes y qué respuesta está presente. De esta manera, las sensaciones del cuerpo son una puerta para llevar conciencia plena al cuerpo emocional y liberar e integrar la energía vital atrapada en patrones emocionales.

Cuatro sensaciones primarias

Hay cuatro clases de sensaciones primarias tangibles en el cuerpo en mayor o menor medida en la meditación: temperatura, tensión, movimiento y contacto. Algunas personas son más sensibles a un tipo de sensación que a otra; incluso, en diferentes momentos puedes tener mayor o menor sensibilidad a alguna de ellas. No obstante, con la práctica desarrollarás más sensibilidad a todas ellas y te volverás más consciente de su textura compleja, amplia y dinámica. Vamos a verlas en detalle.

Temperatura. Se refiere a las sensaciones asociadas al paso del calor al frío, y viceversa: la transferencia de energía térmica. A veces las puedes experimentar como corrientes que se extienden por el cuerpo y de pronto se vuelven templadas o frías y luego parecen desaparecer por momentos para surgir de nuevo como un oleaje cálido y generalizado. Otras veces surge una sensación de calor, por ejemplo, en un hombro o una pierna, que parece persistir por largo tiempo y de repente se desvanece, dando lugar a una temperatura tibia casi imperceptible. Durante la meditación es importante darle todo el tiempo y todo el espacio a estas sensaciones para que se desplieguen naturalmente; pronto descubrirás que mientras más estás dispuesto a experimentarlas más parecen aligerarse y continuar con su danza de transformación hasta que se disuelven por sí solas.

Algunos meditadores reportan que se les enfría el cuerpo, otros dicen que se les calienta o que desprende un calor sofocante. En general, durante la meditación, la disminución del estrés mejora la conductividad del cuerpo y favorece un mejor funcionamiento fisiológico, por lo que la temperatura tiende a unificarse y estabilizarse.

Sin embargo, siempre hay una oscilación ligera y constante entre diferentes temperaturas causadas por los cambios externos y por los procesos fisiológicos y los impulsos emocionales.

A menudo una sensación de temperatura no es decididamente caliente o fría. Comienzas sintiéndola como calor y en un instante se siente fría. O pueden venir mezcladas, un ejemplo extremo de esto son los escalofríos, que en la meditación pueden surgir a borbotones, aunque no haga frío. En algo se parecen a tiritar de frío, pero a menudo surgen cuando el cuerpo está caliente y en su recorrido dejan una efímera estela de cosquilleo que es a la vez fría y caliente, y que, al igual que la comezón, oscila entre lo agradable y lo desagradable hasta que se desvanece.

Tensión. Durante la meditación es muy importante estar consciente de las sensaciones de tensión, de las cuales hay distintos tipos. Por un lado, hay procesos fisiológicos naturales que causan sensaciones que puedes percibir como una ligera y natural tensión seguida de relajamiento, tal es el caso de la respiración, o incluso de los latidos del corazón. Por otro lado, hay sensaciones de tensión que provienen de hábitos emocionales, usualmente inconscientes, de apretar o contraer diferentes partes del cuerpo. Cuando contactas con todas estas sensaciones con claridad y profundidad, notas que tienden a relajarse naturalmente.

Las sensaciones de tensión y su contraparte, la relajación, constituyen una danza que involucra a todo el cuerpo y a veces se enfatiza en alguna zona. Casi constantemente surgen sensaciones de tensión en el cráneo, los ojos y el rostro, la boca y la garganta, el pecho y el abdomen, las ingles y las manos. Es común que los meditadores interpreten las sensaciones de tensión en piernas u hombros como una necesidad imperiosa de ajustar la postura, y en algunos casos eso es lo recomendado. No obstante, en la meditación uno aprende a darle el beneficio de la duda a estas cosas, por lo cual conviene que tu primera respuesta no sea una reacción impulsiva de rechazo, sino una apertura curiosa para sentir e investigar las sensaciones de tensión sin introducir tensión adicional. Si es necesario, entonces se realiza un pequeño ajuste en la postura.

Al sentir lúcidamente el cuerpo, podrás notar que una sensación de tensión es un proceso bastante misterioso. Lo que en un principio se puede sentir como una tensión localizada y fija, al contemplarla al mismo tiempo que percibes otras sensaciones en el cuerpo, descubrirás que está en constante transformación. De ser muy nítida y definida de pronto comienza a perder definición y luego se disuelve en la inmensidad del espacio corporal. Cuanto más espacio les das a estas sensaciones, sin tratar de atraparlas o cambiarlas, más se te escurren entre los dedos de la percepción, para al fin desaparecer como traviesos espejismos en el océano del cuerpo.

Sufrimiento primario y sufrimiento secundario. Conviene detenernos a examinar más a fondo las sensaciones físicas que definitivamente llamarías dolorosas. Hay dos tipos de sufrimiento que se derivan del dolor en el cuerpo: el sufrimiento primario y el sufrimiento secundario. El sufrimiento primario surge cuando experimentas una sensación que se encuentra hacia un extremo de la escala dolor-placer. Estas sensaciones dolorosas son mensajes del sistema nervioso que te alertan de un riesgo potencial o ya existente en el organismo.* Usualmente se producen por la tensión o presión sostenida de un músculo, la degradación, la inflamación o la ruptura de un tejido o por un desequilibrio fisiológico persistente por enfermedad o lesión, o por temperaturas extremas. El sufrimiento secundario surge cuando reaccionas con rechazo al sufrimiento primario. Es decir, empiezas a sufrir con respecto al dolor, e inconscientemente tiendes a evaluar la tensión física y los dolores como elementos indeseables o incluso amenazantes en tu experiencia somática. Esta diferencia es importante: la reacción de rechazo hacia el dolor puede incrementar mucho la experiencia de sufrimiento. Cuando esto ocurre, surgen nuevas reacciones de tensión originadas por el dolor existente, creando el sufrimiento secundario.

* Aunque, en los casos de dolor crónico, las señales de dolor pueden no corresponder a un daño en los tejidos del organismo, y estar causadas por un círculo vicioso de hipersensibilidad que involucra los sensores de las terminaciones nerviosas, la eficacia de la transmisión de las señales de dolor en la médula espinal y la evaluación consciente o inconsciente del nivel de riesgo en el cerebro-mente.

Cuando tienes dolor de cabeza, es normal que quieras que desaparezca, el organismo parece pedírtelo. No obstante, el hecho de que el dolor sea una experiencia desagradable que no deseas tener puede convertirse en un factor de aversión que amplifique ese dolor. Esto se debe a que cuando reaccionas con miedo y aversión hacia una sensación de dolor propicias una reacción de rechazo temeroso hacia la imagen somática del dolor, lo cual a su vez dispara una reacción de contraer y tensar los músculos alrededor de esa área, lo cual dificulta los intentos del organismo para reparar el daño. Esto, a su vez, causa que se produzcan nuevas señales de dolor, desatando así un círculo vicioso de sufrimiento adicional. Las sensaciones de dolor no son en sí el problema, son solo los mensajes del cuerpo que surgen de una posible condición de riesgo para el organismo. No hace falta luchar contra el mensajero.

Es muy común ver personas con el ceño fruncido, la cara y el cuero cabelludo apretados y tensos cuando tienen dolor de cabeza, y por supuesto su dolor no cede a menos que tomen algún analgésico fuerte. Mas si cuando surge un dolor de cabeza, relajas el cuerpo y sobre todo los tejidos de la cabeza y el rostro, y en vez de tratar de luchar contra la sensación desagradable, te sensibilizas a su textura y su dinámica mientras sientes otras partes del cuerpo y permites que se desactive la reacción de contracción, el dolor de cabeza tenderá a irse mucho más rápido. Esto puede no ser el caso para todas las personas todas las veces, no obstante, relajarte con respecto al dolor y volverte consciente de la manera en que se transforma la sensación casi invariablemente disminuye o disipa el sufrimiento secundario.*

Movimiento. Se refiere a la sensación de que "algo" se mueve en el cuerpo de un lado para otro, hacia arriba o hacia abajo, hacia fuera o hacia dentro, en círculos, etc. Lo que se mueve puede estar relacionado con procesos que involucran tejidos u órganos, o con la diná-

* La meditación de conciencia plena del cuerpo aplicada a mitigar el dolor y el estrés es una especialidad desarrollada por el doctor Jon Kabat Zinn en la clínica del dolor del Massachusetts General Hospital, y posteriormente por Vidyamala Burch en Manchester, Inglaterra. Véase bibliografía al final.

mica de otras sensaciones primarias como, por ejemplo, la temperatura que sientes en la piel o el contacto de tus pies con el suelo.

La vida es movimiento, entonces en el cuerpo hay movimiento todo el tiempo. En la respiración es muy evidente: el proceso de inhalar y exhalar es como un oleaje que sube y baja, entra y sale. Al respirar, el pecho y el abdomen se expanden y luego se contraen y se relajan, y al hacerlo hay cambios de posición, o movimiento, de órganos y tejidos, incluyendo las costillas. En ocasiones, la respiración combinada con la circulación puede producir una oscilación rítmica muy tenue alrededor del eje de la columna vertebral, como un péndulo.

En el pecho puede ser muy notorio el latido del corazón que a veces es más sonido que movimiento y otras es solo una vibración. Los cambios de temperatura en el cuerpo también pueden experimentarse como un constante movimiento. Las tensiones y los dolores que aparecen en el cuerpo, en parte provenientes de patrones emocionales, son sensaciones en constante movimiento. Al sentirlas con claridad y ecuanimidad puedes descubrir que no son puntos fijos y sólidos, sino procesos cambiantes y fluidos. Lo mismo sucede con la comezón, que al percibirla con una sensibilidad curiosa y amable se revela como un hormigueo errante en constante metamorfosis.

Contacto. Son sensaciones que surgen principalmente del contacto con la piel (por ejemplo, al tocarse una parte del cuerpo con otra o con algún objeto, como una prenda de tu ropa o el cojín de meditación). Las sensaciones de contacto a menudo vienen asociadas con otra sensación (por ejemplo, la sensación de contacto de una mano con otra viene mezclada con la sensación de temperatura y una ligera presión –tensión– entre ambas).

Las sensaciones de contacto a menudo son muy tenues. Se sienten como seres lentos y quietos en las profundidades oscuras del cuerpo. A veces su presencia es definida y estable: mano toca mano, glúteo toca cojín, muslo toca pantalón, o pie toca colchoneta. En ocasiones puedes percibir los órganos internos y las vísceras cuando se acurrucan y acomodan unas junto a otras. Algunas de estas sensaciones parecen ser muy tímidas y tender a esconderse del radar de la percepción consciente. Tal puede ser el caso del contacto entre párpado y ojo, los dedos entre sí o labio con labio.

Otras sensaciones

El sentido del cuerpo abarca otras sensaciones comunes tales como la interocepción (las sensaciones que provienen de las vísceras y los órganos internos), la propiocepción (las sensaciones que te informan de la orientación del cuerpo y sus partes en el espacio), la percepción de la gravedad –la atracción de la tierra– y el equilibrio. Todas ellas son impresiones sensoriales que te informan sobre cómo y dónde está el cuerpo momento a momento. Además, hay otras sensaciones más sutiles con las que puedes contactar cuando tu meditación es estable y profunda. Una es la del magnetismo o electricidad, que es tangible como una leve vibración en la superficie de la piel, en ocasiones claramente perceptible en todo el cuerpo. Al cobrar conciencia del cuerpo, estas sensaciones estarán presentes en mayor o menor medida, además de las cuatro sensaciones primarias descritas anteriormente.

El cuerpo emocional

Cuando un buen amigo te pregunta cómo estás y realmente quieres decirle cómo te sientes, haces una consulta interna a tu cuerpo emocional: sientes tu expresión facial y corporal, la tensión física general, los impulsos de contracción, las sensaciones viscerales, la calidad energética general presente en la cabeza y el cuerpo, así como la tendencia general de tus pensamientos. Para simplificar, a este conjunto de sensaciones dinámicas le llamo "cuerpo emocional".

Durante la meditación, es de crucial importancia mantenerte plenamente consciente y receptivo en relación con el cuerpo emocional. La expresión emocional en diferentes partes del cuerpo tiene una dimensión muscular que consiste en acciones de contraer, tensar o apretar y sus contrapartes de soltar, relajar y abrir. Típicamente se involucran también el ceño, los ojos, los labios, los músculos faciales e incluso el cuero cabelludo. Si la emoción es muy intensa o repetitiva la podrás sentir también en las manos, pies o ingles como acciones de apretar, contraer o moverse inquietamente. Otra dimensión del cuerpo emocional son las sensaciones viscerales, la interocepción, que percibes en la garganta, el pecho, el abdomen, el vientre y el suelo pélvico.

Las diferentes emociones y su reflejo en el cuerpo emocional

Cuando estás bastante receptivo y sensible, puedes percibir la textura y la calidad de la energía emocional que está detrás de esta gesticulación y que abarca al cuerpo en su totalidad. He aquí algunos ejemplos de emociones aflictivas y su reflejo en el cuerpo. En las descripciones utilizo un poco de lenguaje metafórico para sugerir un conjunto complejo de sensaciones corporales y mentales:

- La *ansiedad* y la preocupación tensan ciertas partes del rostro, abdomen e ingles, y se expresan como inquietud en las manos y pies y una calidad energética volátil o turbulenta.
- La *tristeza* se puede sentir como pesadez en los hombros, tensión en la nuca y opresión en el pecho y una calidad energética apagada, incluso densa.
- El *miedo* puede ser como un vacío en el estómago, oscilaciones intensas en el suelo pélvico, y una calidad energética de frío.
- La *depresión* –que frecuentemente es una acumulación intensa de frustración, tristeza o ira reprimidas– puede experimentarse como un remolino lento y pesado que te arrastra a un hoyo negro, y a menudo viene acompañada de las sensaciones derivadas de la ansiedad y el miedo.
- La *avidez* o el deseo intenso de poseer algo puede sentirse como energía intranquila e incapaz de posarse suavemente sobre el momento presente, como un viento inquieto e insistente que te impide estar bien donde estás.
- La *ira* tiene una calidad energética agitada y caliente, a veces

como una energía fogosa que intenta eliminar algo. Su expresión corporal es muy evidente: ceño fruncido, ojos entornados y fijos, e impulsos intensos de apretar el cuero cabelludo, la mandíbula, el estómago, las manos y los pies.

Si bien las emociones aflictivas tienen una diversidad de expresiones de tensión en el cuerpo emocional, las emociones positivas tales como la gratitud, la inspiración, el gozo, el amor incondicional y el aprecio comparten una calidad energética agradable muy parecida, con ligeras variaciones. En general sientes que tu energía está integrada con una tendencia ligeramente radiante. Esto se debe en parte al relajamiento de los diferentes nudos de tensión en el cuerpo físico-emocional, al funcionamiento fisiológico optimizado que esto propicia, a la ausencia de evaluaciones negativas preconscientes, y a la presencia de ciertos neurotransmisores.

Todas las emociones positivas se experimentan como un relajamiento muy alerta y con energía disponible. Las variaciones están principalmente en la calidad energética; puede ser más vigorosa, como cuando te sientes entusiasmado, inspirado, motivado o interesado; todas ellas emociones relacionadas con la percepción de posibilidad, acción y energía disponible para realizar. O puede ser más reposada como sentirse contento, ecuánime, calmado, satisfecho, sereno, apacible o aliviado; todas ellas emociones relacionadas con la percepción de que todo va bien y no hace falta ninguna acción por el momento. En medio de estos dos extremos de calidad energética se encuentran muchas otras emociones positivas, varias de ellas generadas o reforzadas en el proceso meditativo. Enumero las siguientes, todas ellas mencionadas en la literatura contemplativa budista antigua.

- *Arrobamiento*. Se siente como una energía ascendente de la base del suelo pélvico hacia la coronilla, a veces con escalofríos o vibración sutil del cuerpo.
- *Dicha*. Se siente como una energía radiante en el área del pecho. Te saca una sonrisa.
- *Gozo*. Es una sensación placentera más mental que física, la energía es ligera y sutilmente expansiva.

- *Serenidad.* Se siente como una energía calmada y fresca, disponible en abundancia, pero sin inclinación alguna por convertirse en acción.
- *Claridad.* Es una experiencia de apertura mental, se siente como una energía muy sutil y radiante que abarca desde el pecho hasta la coronilla, su calidad es más parecida a la de la luz, por lo cual podría llamarse también lucidez.
- *Confianza.* En la meditación puede sentirse como encontrarse en un espacio sin obstáculos, la energía es reposada, pero está lista para convertirse en una acción sutil espontánea.

El aspecto mental de las emociones positivas o negativas lo percibes principalmente en la tendencia de pensamiento y en los argumentos que surgen relacionados con el pasado o con el futuro. Pueden ser juicios, recuerdos dolorosos o placenteros, rencillas viejas, reclamos hacia alguna persona o una preocupación intensa con respecto a planes futuros, en el caso de las emociones aflictivas. En contraste, las emociones positivas no conllevan tanto diálogo interno, en general tu mente está tranquila, aunque es justo en estos estados mentales cuando tienden a surgir pensamientos creativos y soluciones nuevas. Cuando prestas atención consciente a tu cuerpo te das cuenta de que cada pensamiento viene acompañado de una sensación en el cuerpo emocional con una calidad dentro de la escala agradable-desagradable. Más aún, los patrones de pensamiento conllevan una contracción ligera y a veces intensa de tu cuerpo físico y emocional. Incluso el hábito de narrar internamente todo lo que haces o darte instrucciones y amonestaciones mentales produce un nivel de tensión perceptible que llevado a un extremo puede llegar a ser intenso y doloroso.

Habiendo señalado algunos de las diferentes expresiones de las emociones aflictivas, es imprescindible subrayar que no se trata de considerar los pensamientos, las emociones vinculadas a ellos, ni su reflejo en el cuerpo, como enemigos que hay que tratar de eliminar. Es contraproducente introducir una dinámica de rechazo o tratar de modificarlos para obtener las sensaciones físicas, las emociones o los estados mentales que sí que te gustaría tener, pues esto te lleva a alimentar más los patrones habituales de juicio, pensamiento y emoción aflictiva, en vez de propiciar su liberación de manera orgánica al percibirlos tal como son: eventos transitorios en constante transformación.

Indagar en la experiencia

Al meditar es necesario refrescar constantemente tu sensibilidad a las sensaciones del cuerpo y de lo que hemos llamado el cuerpo emocional. Mantener viva una curiosidad como si dejaras abierta la pregunta «¿Hay algo que esté tensando?» o «¿Hay algo que esté apretando?» te reconectará con el cuerpo y te revelará las contracciones y tensiones más sutiles, así como las tendencias a generar sufrimiento secundario. Por otro lado, si notas que tu cuerpo o partes de él tienden a desaparecer del radar de tu sensibilidad somática, la pregunta «¿Hay algo que no esté dispuesto a sentir?» desactivará la intención habitual de bloquear o evadir una sensación en el cuerpo físico-emocional.

El sentido de la vista

Explorar lo que significa abrir el sentido de la vista en la meditación requiere considerar primero la siguiente pregunta: ¿la meditación se debe hacer con los ojos cerrados o abiertos?

Ojos cerrados

Meditar con los ojos cerrados cierra la puerta a los estímulos visuales. Al cerrar los ojos tiendes a sensibilizarte más a los sonidos y al silencio, además es más fácil llevar una mirada interior amplia y profunda al cuerpo y sus sensaciones, incluyendo el movimiento y la calidad de la energía emocional. No obstante, existen dos riesgos comunes: el primero es que la oscuridad te lleve a perderte más fácilmente en la realidad virtual del futuro o del pasado, alimentada por intensos patrones emocionales. El segundo es que, si estás cansado o no has dormido bien, probablemente te gane el sueño. Ambos pueden superarse fácilmente; el primero de ellos, perderte en pensamientos, se resuelve a través de las acciones sutiles de dejar ser y dejar ir mientras sientes la calidad energética de los pensamientos en el cuerpo emocional. El segundo, caer dormido, se disipa por medio de abrir el sentido del oído y al mismo tiempo experimentar la naturaleza cambiante de las sensaciones de somnolencia en el contexto de todo el cuerpo. Ahora bien, si esta se debe a que no has dormido bien, tal vez lo mejor sea que hagas una siesta antes de meditar.

Ojos abiertos: la mirada contemplativa

La meditación también se puede hacer con los ojos semiabiertos y relajados, como en las representaciones tradicionales del Buda. Es una mirada contemplativa y relajada –y por ello ligeramente desenfocada– que abarca todo el campo visual sin fijarse en nada en particular. Para que los ojos no se cansen innecesariamente, deja que los párpados caigan sobre su mitad superior y permite que los ojos se relajen y floten en sus cavidades. Si no intentas reprimirlo ni controlarlo, el parpadeo encontrará por sí solo su ritmo adecuado para mantener los ojos húmedos y relajados.

Además de ser un excelente antídoto para la somnolencia, la meditación con ojos abiertos te permite mantener una conciencia plena profunda y espaciosa mientras integras los estímulos visuales. Además, meditar así te ayuda a reconocer que la conciencia plena puede llevarse a la vida cotidiana, donde tus ojos están abiertos la mayor parte del tiempo. Meditar con los ojos abiertos también tiene un par de posibles desviaciones comunes: la primera es dejarte seducir por los objetos visuales y dedicarte a ver de un lado a otro las cosas o personas que están en tu entorno. Esta te lleva usualmente a la segunda: perder el contacto con las sensaciones del cuerpo y la energía emocional. Al meditar con ojos abiertos es importante mantenerte relajadamente consciente del campo visual periférico mientras continúas sintiendo el cuerpo.

Si estás iniciándote en la meditación, quizá sea mejor comenzar con los ojos semiabiertos durante unos cuatro o cinco minutos, después continuar meditando con los ojos cerrados, y volverlos a entreabrir los últimos cinco minutos de la práctica. Más adelante sabrás determinar por ti mismo qué es lo que te funciona mejor en un momento dado, lo cual dependerá de muchas variables internas y externas, tales como el estado físico, mental o emocional de ese momento; la humedad, el nivel de luminosidad en el entorno en que te encuentres y la temperatura.

El sentido del olfato

En la meditación, el campo sensorial olfativo se asemeja al auditivo en cuanto a que los estímulos te conectan con el aspecto externo del proceso de percepción: algo que sucede "afuera" del cuerpo. Esto, a su vez, te ayuda a establecer una relación más espaciosa y conectada con el entorno.

Aunque no es necesario para meditar, encender una varita de incienso al inicio de una sesión de meditación puede ser un buen aliado. Además de darle un ligero toque ritual a la práctica que muchas personas encuentran inspirador, el aroma refuerza el sentido de espaciosidad y sugiere quietud mental.

El sentido del gusto

Abrir la puerta de este sentido implica estar presente a todo lo que surge en cuestión de sabores en la lengua y al paladar. Durante una sesión de meditación usualmente no hay muchos estímulos en el sentido del gusto, si acaso residuos de sabores intensos posiblemente provenientes de alimentos que hayas comido poco antes, tales como chocolate, menta, té o café. Al inicio de una sesión de meditación puedes contactar con este sentido a propósito durante unos momentos para incluir ese campo sensorial. Durante la meditación lo más probable es que estos estímulos pasen a un segundo o tercer plano.

El sentido de la mente

Todos los estados encuentran su origen en la mente.
La mente es su fundamento y son creaciones de la mente.[14]
El Buda

Abrir las puertas del sentido de la mente es central en la meditación, pues a través de la receptividad y la conciencia plena de este campo sensorial se propicia la integración de la energía mental dispersa. En este contexto, mente quiere decir pensamientos, ya sea como conversaciones o diálogos internos, o como las imágenes recordadas del pasado o proyectadas al futuro.

En la meditación se trata a la mente como un sentido más, por consiguiente, la comprensión básica para trabajar con los pensamientos es igual que con cualquier otro campo sensorial, por ejemplo, el campo auditivo. Ahora bien, es necesario aclarar cómo puedes considerar la mente como un sentido equiparable al del oído. ¿Cómo es que los pensamientos corresponden al campo mental de la misma manera que los sonidos corresponden al campo auditivo? ¿Cuáles son las similitudes y las diferencias relevantes? Exploremos esta comparación.

Considera, por un lado, el canto de un pájaro. En el nivel básico de la percepción, escucharlo es contactar con una impresión que se dibuja en la mente a partir de las señales generadas por el oído. Estas, a su vez, surgen de las moléculas de aire en vibración que fueron puestas en movimiento por la acción del pájaro y modificadas por otras condiciones presentes. Por otro lado, considera un pensamiento. Por ejemplo, la idea –o el recuerdo– que tienes del canto de un pájaro. Si analizas de qué está hecha, podrás constatar que es una imagen sonora que se dibuja en la mente a partir de recuerdos; es decir, construyes la idea del canto de un pájaro a base de impresiones pasadas.

Las similitudes y diferencias entre estos dos tipos de sensaciones son cruciales. No cabe duda de que tanto el sonido del canto del pájaro en el instante que lo escuchas, como la *idea* de un pájaro en el momento que la piensas, son impresiones sensoriales complejas, dinámicas y transitorias trazadas por la mente durante cada breve momento del ahora. Pero una cosa es *escuchar* el canto de un pájaro y otra muy distinta *pensar* en el canto de un pájaro. Por un lado, el sonido que escuchas es una impresión sensorial que surge a partir del aire en vibración, es decir, está conectado con un evento externo que ocurre en el momento presente: un pájaro que canta. Este evento es objetivo en tanto que otra persona podría oírlo. Por otro lado, la *idea* del canto de un pájaro que se da en el espacio de representación de tu mente no la puedes percibir más que tú. No puede ser grabada ni la puede escuchar nadie más. De hecho, nadie puede tener exactamente la misma idea del canto de un pájaro, pues cada persona lo construye en un momento dado a partir de una selección y mezcla de entre sus propios recuerdos e impresiones. Y aunque la idea o pensamiento también ocurre en el ahora, *representa* situaciones y experiencias que no están presentes físicamente.

La realidad virtual

En la meditación, es importante reconocer la realidad virtual que producen los pensamientos. De esta manera podrás distinguir que a menudo tomas la realidad que *representan* como si esta estuviera *presente* frente a ti, como si se tratara de eventos vivos disponibles a tus cinco sentidos físicos en el momento presente.[15] Cuando piensas en una persona, el pensamiento como evento mental y cerebral es real y sucede en el ahora. Las emociones que despierta en ti también son experiencias reales sentidas en el ahora. Tus glándulas reaccionan produciendo sustancias que preparan el cuerpo para una respuesta ante la situación que representan y el cuerpo refleja esto de manera tangible.

Pero hay ciertamente un error de comprensión al relacionarte con la *idea* de una persona como si fuera la persona *en sí*. Este error de comprensión se apoya en dos aspectos que conviene distinguir. Por un lado, la imagen mental que tienes de la persona contiene elementos reconocibles –capturados en memoria– de su cuerpo físico, su ropa, incluso palabras o acciones que ha hecho o dicho; y por otro lado está la carga emocional que experimentas en el momento presente, vinculada a dichos recuerdos, y que contribuye a crear la ilusión de que el escenario de esta realidad virtual está ocurriendo en el mundo físico. Esta confusión se aclara cuando en la meditación descubres que para construir esta imagen y fijarla en la mente como una foto o un mapa tienes que descontextualizarla: aislarla de la mayoría de las condiciones que le dieron surgimiento.

Esta capacidad de crear fotos y mapas mentales que representan experiencias pasadas se encuentra detrás de la mayoría de las actividades de los seres humanos y puede ser una herramienta creativa maravillosa en las artes, la ciencia, la tecnología y las humanidades. Asimismo, la realidad imaginada te da un sentido de referencia útil de eventos guardados en la memoria. No obstante, los seres humanos tendemos a olvidar que la realidad virtual es la representación incompleta y descontextualizada de experiencias efímeras mucho más complejas de lo que parecen en la memoria. Por ello, fácilmente caemos en una confusión que conlleva serias limitaciones y sobre todo mucha aflicción. La confusión consiste en tomar como una realidad universal lo que son solo construcciones mentales que hacemos de personas, cosas, situaciones y de uno mismo en una realidad virtual. Mucha de la aflicción humana proviene de los patrones mentales-emocionales que formamos alrededor de estas construcciones mentales.

Las construcciones mentales

La realidad virtual está conformada por lo que podríamos llamar construcciones mentales. Una construcción mental contiene muchas fotos y mapas mentales, así como relaciones entre todos ellos. Las construcciones mentales las creas a través de ciertos procesos que seleccionan y deforman aspectos de una situación, cosa o persona, ya sea tú mismo u otros. El resultado es una serie de imágenes extraídas del contexto dinámico de condiciones de la realidad viva. Estas imágenes se convierten en una perspectiva fija que tiende a generar emociones repetitivas y patrones reactivos.

Un ejemplo muy palpable de esto es cuando estás resentido durante muchos años con alguien que no sabes si vive aún o incluso que ya murió. El resentimiento es una obsesión similar al de la idealización enamoradiza: requiere estar repasando una y otra vez escenas, recuerdos y juicios que sacan de ti una misma respuesta emocional de manera insistente conformando un patrón emocional cada vez más arraigado. Usualmente no te das cuenta de que estás resentido o enamorado con tu construcción mental de la persona y no con un ser humano en sí. Sin una práctica o una experiencia extrema que te revele este error de comprensión, bien puedes cargar con él toda la vida.

¿Cómo se forman las construcciones mentales?

Para construir realidades virtuales con carga emocional, tu mente ejecuta a menudo inconscientemente cuatro procesos: filtrar, sesgar, exagerar y polarizar. Estos cuatro procesos son interdependientes, cada una de ellos alimenta y condiciona a los demás y en su conjunto producen las construcciones mentales que generan patrones emocionales aflictivos.

Filtrar. Cuando construyes algo en la realidad virtual de la mente no puedes evitar separarte de la naturaleza compleja y dinámica de la experiencia viva. Al filtrar conviertes en una idea fija y congelada lo que era un proceso cambiante y fluido, dejando afuera muchas de las condiciones que dan surgimiento a cualquier situación, incluyendo las que tú mismo has introducido. Lo que queda es una perspectiva descontextualizada y fijada en la memoria que es exclusivamente tuya.

Sesgar. El proceso previo, filtrar, no se da al azar. Lo que dejas afuera y lo que incluyes es determinado con cierto sesgo informado por

reacciones instintivas de atracción y repulsión. Estas tienden a dispararse según la calidad placer-dolor de la sensación asociada a lo que percibes. Y, a su vez, son condicionadas por una evaluación preconsciente de bueno o malo. Por ejemplo, solo dejas pasar lo que te molesta de una situación o de una persona, o nada más dejas pasar lo que te encanta de una situación o persona.
Exagerar. Una vez construida la escena en tu mente comienzan a dispararse las emociones que dicha escena suscita en ti, lo cual conduce a un proceso de magnificación. El resultado es una percepción desproporcionada de la situación o persona, alimentada por emociones intensas.
Polarizar. Esta construcción, ya filtrada, sesgada y exagerada, se fija con facilidad en la memoria y se convierte rápidamente en "algo" que ocupa un lugar hacia los extremos del espectro mental-emocional de tus gustos y disgustos.

Cuando un pensamiento es el resultado de esta polarización, se reproduce en tu mente una y otra vez. Lo puedes distinguir cuando tu mente produce significados extremos y juicios tajantes sobre personas, situaciones o cosas, siempre acompañados de emociones aflictivas. Algunos ejemplos: «Él es siempre así», «Ella es maravillosa», «Él es una basura», «Tú nunca eres así», «Siempre me dices...», «Nunca me das...», «Esta situación es terrible», «Jamás te volveré a decir nada», «Siempre haces esto», «Nunca me va a salir aquello».

Patrones mentales-emocionales[16]

Las construcciones mentales descritas anteriormente tienden a generar y retroalimentarse de patrones emocionales aflictivos. Esto se debe a que los escenarios de la realidad virtual habitan tu mente por largo tiempo, seas o no consciente de ellos. Las emociones que se generan son intentos del organismo de reaccionar hacia aspectos de esta realidad virtual (por ejemplo, poner en su lugar a una persona que te ofendió). Pero el hecho de que por más que fantasees no sea posible realizar acción física alguna en la realidad virtual tiende a generar una señal de no resolución en la mente, lo cual produce aún más emociones negativas y refuerza tu incapacidad de darte cuenta de que solo es una realidad virtual. Este círculo vicioso es lo que llamamos un patrón mental-emocional.

Los patrones mentales-emocionales, por su naturaleza repetitiva y su insistente relación con una realidad virtual hecha de construcciones mentales tienden a dominar tu sentido de ser. Es decir, te identificas con el protagonista de ese escenario virtual. Esta identificación refuerza aún más los patrones mentales-emocionales al grado que con el tiempo la vida se va volviendo un intento constante por proteger y complacer a la persona que crees que eres.

Un patrón es una tendencia independiente de su contenido

Los patrones mentales-emocionales son tendencias repetitivas que pueden arrastrar cualquier cosa. Son como los torbellinos que se crean bajo ciertas condiciones en los grandes campos abiertos; cuando pasan por los sembradíos, arrastran semillas, plantas y tierra; cuando pasan por las casas, arrastran techos y buzones o personas; cuando pasan por el mar o por ríos, arrastran agua y peces. Por ejemplo, un patrón intenso de preocupación te lleva a preocuparte de lo que sea que se te presente o te venga a la cabeza. Dicho de otra manera, para preocuparse, cualquier cosa es buena. Cuando te inicias en la meditación, no es raro que no reconozcas los patrones en el instante en que surgen porque estás totalmente identificado con ellos y muy enfrascado con su contenido, así que pierdes de vista que son reacciones emocionales hacia la representación incompleta, sesgada, exagerada y polarizada de una experiencia del pasado.

Algunos patrones mentales comunes son: preocuparse, criticar, repasar un evento doloroso ensayando venganza verbal o física, planear el futuro incesantemente, perderse en ensoñaciones idílicas, buscar culpables, erigirse como víctima, rumiar el pasado, narrar lo que está sucediendo, darse instrucciones, amonestarse, pensar catastróficamente, irritarse por cualquier cosa, y un sinnúmero de variantes de todo esto.

Los patrones más o menos ligeros son más fáciles de descubrir y de soltar con relativa facilidad, en gran parte porque no estás tan comprometido o identificado con ellos. Pero otros patrones son pesados y densos, y estás tan comprometido e identificado con ellos que parecen casi imposibles de soltar. Los que se encuentran en las capas más profundas de tu sentido de ser están más arraigados y son aún menos evidentes, pero si continúas con tu práctica, tarde o temprano comenzarán a perder fuerza.

Proliferación

Los patrones los puedes reconocer por una característica común: la *proliferación*. La proliferación es la abundante producción de pensamientos o conversaciones internas hechas de palabras e imágenes. La proliferación conlleva siempre una contracción en el cuerpo emocional que sientes como tensión. En la meditación es importante reconocer la proliferación en cuanto surge, y renunciar a engancharte con sus argumentos. En un inicio, la notarás cuando ya llevas tiempo girando en un patrón mental, pero a medida que vayas adquiriendo experiencia en la práctica comenzarás a distinguir el momento en que se inicia la proliferación, con su abundante generación de pensamientos y su tono emocional intenso. Al reconocerlo sin reprimirlo ni alimentarlo, perderá fuerza y en segundos se disolverá.

Una nota sobre el inconsciente

Es necesario reconocer que muchos de los procesos mentales, al parecer la mayoría, ocurren debajo del umbral de la conciencia, es decir, no eres consciente de ellos. De tal suerte que aun cuando estés meditando con plena conciencia del ahora y sientas que los pensamientos se disuelven en segundos en cuanto se producen, o incluso cuando haya largos períodos de tiempo sin pensamientos, puedes estar seguro de que continúa habiendo tendencias de pensamiento e intención inconscientes. No obstante, uno puede constatar que la meditación también les va restando ímpetu y dominio a estas tendencias. ¿Cómo lo hace?

En primer lugar, los pensamientos conscientes están conectados con las tendencias inconscientes; son expresiones visibles de evaluaciones (bueno-malo, peligro-beneficio, amenaza-oportunidad, etc.) e intenciones (rechazar, retener, perseguir) no visibles. Entonces, cuando dejas de alimentar un argumento, permitiendo que se disuelva, ocurre una retroalimentación hacia la intención inconsciente cuyo efecto es informarle que no es necesaria su expresión, lo cual a su vez modifica la evaluación que precede a la intención.

En segundo lugar, aun siendo inconscientes los patrones de pensamiento son tangibles por su calidad agradable-desagradable y por su expresión en el cuerpo emocional (véase "El cuerpo emocional" pág. 63). Un ejemplo: estás meditando, y aun sin que haya una proliferación consciente, te sientes ansioso. Lo sabes porque tu cuerpo emocional te lo revela mediante múltiples señales. Mientras no reprimas ni alimentes las expresiones del cuerpo emocional ni los patrones de pensamiento, notarás que la ansiedad va cediendo, y con ella el miedo, que probablemente es la emoción primaria que la impulsa. El mensaje que recibe el inconsciente es: «No hay nada que temer», «No hay nada que rechazar». Este mensaje cambia la evaluación inconsciente de peligro o amenaza. Siendo una tendencia repetitiva, o patrón, la ansiedad volverá a surgir, pero si perseveras en la práctica día a día, notarás que en efecto va disminuyendo en intensidad la emoción aflictiva, y va perdiendo fuerza la evaluación inconsciente de peligro que subyacía en la ansiedad.

Abrir el sentido de la mente

Las consideraciones anteriores son fundamentales para saber cómo relacionarte con los pensamientos que surgen en la meditación. Abrir las puertas del sentido de la mente durante la práctica quiere decir estar consciente del surgimiento de los pensamientos, sin tratar de rechazarlos o reprimirlos y sin involucrarte en su contenido narrativo ni en sus significados. De esta manera descubrirás que, cuando no te enfrascas en ellos, los pensamientos surgen y se disuelven en la mente como si fueran figuras trazadas con el dedo en un espejo de agua quieta.

Muchos de los pensamientos que surgen en la meditación son los patrones de proliferación que vimos anteriormente. Estos patrones funcionan como vendedores insistentes con ofertas atractivas de cosas pendientes, planes, rencores, juicios, preocupaciones, deseos, temores y otros encantos. A menudo surge una fuerte tentación de tratar de eliminarlos como si fueran enemigos a vencer, pero el camino de la represión y el rechazo resulta contraproducente, puesto que les inyecta energía y solidifica aún más su ilusión de realidad. La vía es siempre sentir su calidad energética y su tendencia a transformarse, mientras permites que se disuelvan por sí solos, sin enfrascarte con sus argumentos. Al mismo tiempo cobras conciencia del desvanecimiento de la tensión emocional que venía con ellos.

Para muchas personas esta manera de relacionarse con los pensamientos es bastante radical y funcionará mejor cuando no se ha perdido contacto consciente con el sentido del cuerpo que te conecta de manera tangible con el momento presente. El fruto comenzará a aparecer a su propio tiempo: una mente cada vez más clara y despejada cuyas funciones cognitivas y racionales estarán menos dominadas por patrones insistentes, lista para involucrarse inteligente y creativamente con la vida.

Indagar en la experiencia

Ya hemos visto que cuando te familiarizas con la intención y el efecto de las preguntas de indagación no es necesario formularlas mentalmente, sino que basta con permitir que lleven curiosidad a las profundidades de tu experiencia. Si formular las preguntas hace que te enredes en un análisis conceptual, no las tomes como preguntas, sino como intenciones sutiles que te permiten descubrir una experiencia que no cabe en palabras.

Anteriormente vimos las preguntas: ¿qué es esto? o ¿de qué está hecho esto? He aquí otras preguntas de indagación que te ayudarán a tener más conciencia del sentido de la mente y al mismo tiempo te permitirán descubrir la naturaleza insustancial de los patrones de pensamiento.

¿Qué forma tiene un pensamiento?

Esta pregunta te permite contactar con un pensamiento como la impresión sensorial que es, parecido a un sonido o una sensación corporal. Al intentar ver su forma, sin meterte con su contenido conceptual, los pensamientos se revelarán como espejismos amorfos y fugaces.

He aquí dos preguntas de indagación que te llevarán a descubrir la experiencia de espaciosidad que se da con la conciencia plena. Descubrirás que los pensamientos parecen surgir, transcurrir y disolverse en el espacio consciente.

¿Dónde se disuelven los pensamientos?

¿De dónde surgen los pensamientos en el espacio de la mente?

Esta otra frase de indagación no se formula como pregunta:

Descubre el espacio entre un pensamiento y otro.

Esta frase te invita a descubrir la brecha silenciosa que hay entre pensamiento y pensamiento. En el flujo de pensamientos, sean estos imágenes o palabras, siempre hay pequeños intervalos vacíos, toma conciencia de ellos y descubrirás que se irán extendiendo de forma natural.

FAMILIARIDAD CON LA PRÁCTICA

Cuando llegas a la meditación, usualmente ya has tenido vislumbres de claridad contemplativa en tu vida. Estos vislumbres aunados a una práctica constante te harán más sensible a la claridad durante la meditación e incluso fuera de ella. Pero el factor que quizá más potencie el acceso a estos estados de conciencia es la convicción de lo benéfico que es vivir la vida desde la claridad.

En un inicio, quizá tu práctica de meditación esté más orientada a conocer y refinar el arte de abrir las puertas de los sentidos y percibir con receptividad las impresiones de los seis campos sensoriales en un nivel básico: sonidos, olores, sensaciones táctiles y pensamientos. La familiaridad con la práctica te dará un acceso cada vez más inmediato al principio de claridad que te brinda una percepción abierta y lúcida donde se disuelven orgánicamente los impulsos y reacciones, la proliferación y los patrones mentales.

MEDITAR CON TODAS O ALGUNA DE LAS PUERTAS ABIERTAS

Hasta el momento hemos explorado cada uno de los seis sentidos por separado, aunque ya he mencionado que en un nivel más elevado de conciencia no están separados. Es una excelente práctica de meditación mantener abiertas las puertas de los seis campos sensoriales de forma simultánea, lo cual se experimenta como un campo unificado de conciencia que todo lo abarca y te revela la textura fluida, compleja y cambiante de todo lo que percibes globalmente.

Sin embargo, mientras te familiarizas con la meditación, es recomendable durante un tiempo practicar con un ligero énfasis en el contacto con un campo sensorial en particular. En las meditaciones que enfatizan la atención consciente de un sentido en particular –por ejemplo, las sensaciones del cuerpo, o las sensaciones de la respiración–, los demás campos sensoriales tenderán a percibirse con menor presencia. En la tabla 3 se resumen los aspectos principales del principio de claridad.

Acción sutil Abrir las puertas de los sentidos	**Indagar en la experiencia**
En los seis sentidos significa percibir con curiosidad, sin utilizar conceptos	• ¿Qué es esto? • ¿De qué está hecho esto?
En el sentido del cuerpo, significa percibir: • Temperatura • Tensión • Movimiento • Contacto • Cuerpo emocional y calidad energética	• ¿Hay algo que esté tensando (o apretando)? • ¿Hay algo que no esté dispuesto a sentir?
En el sentido de la mente, significa percibir: • Pensamientos y patrones mentales • Construcciones mentales • Proliferación • Calidad energética de un pensamiento	• ¿Qué forma tiene este pensamiento? • ¿Dónde se disuelven los pensamientos? • ¿De dónde surgen los pensamientos? • Descubre el espacio entre un pensamiento y otro

Tabla 3. Principio de claridad

En el siguiente capítulo, se trata este tema en mayor detalle, mientras que en la segunda parte de este libro se presentan puntualmente meditaciones con diferentes énfasis para despertar conciencia y claridad en los distintos campos sensoriales.

5. CALMA

Introducción

Calma,* en el sentido que aquí se presenta, se refiere al efecto pacificador mental, físico y emocional que surge de la colaboración de varios factores. Además de ser una experiencia tangible de relajamiento psicofísico, este principio conlleva un indicador claramente perceptible: una atención integrada y estable. Así como en el ámbito de las metáforas la receptividad es como la actitud de un anfitrión generoso y la claridad es la mente como un espejo limpio y nítido, calma es la mente serena como las aguas tranquilas de una estanque cristalino.

La acción sutil que da vida al principio de calma es *integrar la atención*. Esta acción sutil tiene dos aspectos, el primero y el más importante es permitir que la atención se integre con la receptividad y la claridad de manera orgánica. El segundo aspecto es opcional, pero a menudo muy útil: posar la atención suavemente en algún campo sensorial en particular o en un proceso dentro de este. Antes de explorar a fondo estos dos aspectos conviene tener un panorama más detallado de las funciones que desempeña la atención, de las fuerzas que la desintegran y de los factores que propician su integración de manera orgánica.

* Calma corresponde al término *Shámata*, en sánscrito, que significa "quietud" o "tranquilidad", y usualmente se asocia a una atención estable e integrada con la percepción.

Las funciones de la atención

La tarea básica de la atención es generar el contacto consciente con algo. Para cumplir esta tarea, la atención utiliza dos funciones: la primera es *dirigirse* hacia algún campo o impresión sensorial y la segunda es *mantener contacto* con algo que se percibe. Ambas funciones las puedes reconocer con relativa facilidad. La función direccional la puedes distinguir cuando diriges la atención hacia un área del campo de percepción, por ejemplo, el campo auditivo, o hacia una impresión sensorial en particular dentro de este –por ejemplo, el sonido de un avión que pasa–. Por otro lado, la función de *mantener contacto* la puedes sentir cuando tu atención ya se ha posado en un campo sensorial o una impresión sensorial de manera sostenida, favoreciendo una continuidad de contacto consciente. Por ejemplo, mientras lees estas palabras puedes darte cuenta de que tu atención te permite el contacto constante con las palabras en el papel y con las ideas que evocan en tu mente. Estas dos funciones en conjunto constituyen la atención consciente, el acto básico de prestar atención a propósito.

Seguramente sabes que la atención consciente te permite percibir algo con claridad e involucrarte con ello. Sabes bien que si alguien no te presta atención cuando estás hablando difícilmente puedes comunicarte con la persona, o que cuando estás en un concierto y dejas de prestar atención a la música te alejas del flujo de las ideas musicales y estas pierden su poder simbólico y estético convirtiéndose en un trasfondo superficial y sin relieves.

Todos sabemos de alguna manera que las consecuencias de no prestar atención van desde negar el acceso de la mirada potencialmente inteligente, sensible y profunda de la conciencia a alguna idea, persona, situación o experiencia, hasta poner en riesgo la vida e incluso resultar en una fatalidad. A pesar de ser una función tan importante para tantas cosas en la vida y para proteger la vida misma, un vistazo a tu propia atención te revelará que hay otras fuerzas que la dominan y la llevan de un lado para otro, a menudo sin una intención deliberada.

Los cuchillos de cocina: maestros de la atención consciente

En los monasterios de la tradición budista Zen se dice que después del abad el mejor practicante es el cocinero. Creo entender por qué. Desde hace muchos años me ha gustado cocinar. Como bien sabe todo cocinero que se respete, tener un buen cuchillo es muy importante. Y tenerlo bien afilado es crucial, pues todo se corta mejor cuando el cuchillo atraviesa con facilidad los vegetales, especialmente los que tienen una cáscara resistente, como los tomates y los pimientos. Pero así como cortan fácilmente la piel de las verduras, los cuchillos filosos atraviesan fácilmente la piel y los tejidos de los dedos y las uñas.

A través de los años de ser practicante de meditación, la cocina se ha convertido en uno de mis entornos de práctica más importantes, tanto en casa como en centros de retiro, hasta el punto de que puedo decir que los cuchillos, los vegetales y los pensamientos han sido mis mejores maestros de meditación y que las veces que me he herido un dedo han sido instantes de percatación. En cuanto siento el tajo en la piel y mi cuerpo entra en un estado de alerta por el susto, invariablemente puedo ver cómo se disuelven los pensamientos o cavilaciones en que estaba extraviado. En el acto reconozco la sensación de haber estado cortando vegetales en piloto automático, aunque sea por una fracción de segundo.

La lección se ha repetido tantas veces que he descubierto que cuando pierdo la intencionalidad curiosa y creativa hacia lo que estoy haciendo, me desconecto del contexto dinámico y amplio en que ocurren las acciones de mis manos, la tarea se vuelve mecánica, de baja calidad y pronto surgen los accidentes.

Los cuchillos me han enseñado que no es solo cuestión de forzarme a atender lo que estoy haciendo, aunque es una medida de emergencia que considerar, sino de recuperar el interés y la sensibilidad que me permiten estar en contacto íntimo con el proceso de cortar. Cuando *siento* los vegetales y el filo que los corta, mientras mi mirada descubre los resultados de picar con una intención consciente, no solo no me corto, sino que los resultados de las acciones son de mayor calidad.

Las fuerzas que desintegran la atención

La atención cae presa de la inquietud usualmente instigada por un temor inconsciente y sutil que te genera un sentido de inseguridad. Este temor te lleva a desconectarte de tu contexto sensorial y reaccionar en un intento por controlar y definir, en vez de enfocarte en conocer y descubrir.

En un entorno que sientes inseguro es normal que tu atención se vea atraída de un lado para otro ante lo que percibes interna o externamente.* Dominada por el desasosiego, tu atención no puede posarse con tranquilidad e integrarse en un campo sensorial. Esta desintegración aumenta la perspectiva de separación ante lo que percibes, lo cual alimenta aún más el desasosiego que desestabiliza y desintegra la atención, creando un entorno mental agitado. A su vez, este entorno mental resulta altamente propicio para que se disparen en ti y te dominen los patrones de pensamiento que vimos anteriormente (págs. 74-75).

Es común que las primeras veces que uno se sienta a meditar se encuentre con la algarabía de los patrones de pensamiento y con la inestabilidad aparentemente indomable de la atención. Algunas personas pronto concluyen que su mente definitivamente no está preparada para la contemplación y se dedican a hacer otra cosa que consideran más productiva. Otras personas más determinadas deciden intentar conquistar la atención rebelde con técnicas intensivas de concentración con la esperanza de expulsar los pensamientos y acallar la mente por la fuerza. En el mejor de los casos lograrán reprimir los patrones de pensamiento, los cuales seguirán operando bajo el umbral de la conciencia; mas si la empresa es demasiado voluntariosa, pueden terminar con dolor de cabeza tras una infructuosa batalla. Estos escenarios ocurren cuando descuidas la activación de los principios que orientan la percepción hacia el ahora. Cuando habitas el momento presente con receptividad y claridad, tu atención

* Si bien el temor es una emoción primaria dedicada a proteger el organismo, es muy común que en vez de cumplir esta función, se convierta en un impulso ansioso por proteger una idea de ti de los peligros formulados en la mente.

se relaja, se integra con el contexto vivo y se estabiliza de manera orgánica.

Si bien la meditación que estamos explorando propicia una atención integrada y estable, es importante subrayar que el propósito de la práctica no es el entrenamiento de la atención o la concentración, aunque siempre hay un gran beneficio en estas áreas. El propósito principal es que tu sentido de ser surja de la naturaleza cambiante de tu experiencia. El conocimiento de la naturaleza de tu experiencia conlleva la liberación e integración de la energía psicofísica y el despertar de ciertas inteligencias latentes.[17] Si conviertes la concentración en una prioridad aislada –un error frecuente entre los meditadores– y descuidas principios como la receptividad, la claridad y la conciencia del ahora, te encontrarás con una tarea innecesariamente difícil y frustrante. Y si a fuerza de voluntad logras controlar y enfocar tu atención en un punto, tenderás a bloquear el contacto consciente con otras áreas de la mente y el cuerpo emocional, impidiendo así su integración.

Una atención integrada y estable

Cuando abres los sentidos y te conectas con lo que surge en la percepción en el momento presente, con curiosidad, sin rechazar nada y sin tratar de retener nada, experimentas una concentración relajada y natural sin esfuerzo. La conexión receptiva y curiosa con el momento presente integra orgánicamente tu atención con lo que percibes o sientes. Cuando tu atención se integra, se vuelve transparente quedando solamente la percepción fluida de tu experiencia sensorial. Un ejemplo de esto fuera de la meditación es cuando estás absorto escuchando una música que te cautiva. En esos momentos tu atención es transparente y sensible y estar concentrado no te requiere ningún esfuerzo .

He aquí un ejercicio que te permitirá constatar la manera natural en que la atención se integra con la percepción. Te tomará uno o dos minutos:

- Después de leer e internalizar estas instrucciones, suspende la lectura y abre el sentido del oído con curiosidad y receptividad.
- Escucha los sonidos más prominentes y poco a poco sensibilízate con los sonidos más sutiles: quizá sea el murmullo del viento entre los árboles, el bullicio distante de la ciudad e incluso el silencio que envuelve todos los sonidos.
- Permite que se disuelvan los pensamientos por sí solos, mientras escuchas lúcidamente todos los sonidos y el silencio al mismo tiempo.
- Después de un minuto o más, date cuenta de cómo tu atención está totalmente integrada con lo que percibes, al grado de que se ha vuelto transparente o invisible, solo está la claridad de la percepción auditiva.
- Comienza ahora.

En este ejercicio, la curiosidad hacia la percepción global en el campo auditivo (sonidos y silencio) propicia la estabilidad y la integración orgánica de la atención. Dicho de otra manera, la atención se pone al servicio de tu intención de experimentar los sonidos y el silencio con curiosidad, permitiéndote el contacto consciente con ellos de manera sostenida y relajada. Esto te demuestra que la curiosidad involucra la atención y la integra naturalmente en lo percibido.

Hasta aquí hemos examinado cómo se experimenta una atención desintegrada y cuáles son las fuerzas que la desintegran. También hemos visto cómo se experimenta una atención integrada con lo que se percibe y la manera natural en que esto ocurre. A continuación entraremos en detalle en el tema de la acción sutil que despierta del principio de calma.

La acción sutil: integrar la atención

El primer y más importante aspecto de la acción sutil de integrar la atención es asegurarte de que los dos principios previos están activándose. Si tu atención está dispersa e inquieta, quiere decir que necesitas renovar las acciones sutiles de la receptividad y la claridad. Cuando ya están activos estos principios, notarás que tu atención se vuelve dócil y robusta, lo que te permitirá posarla sin esfuerzo en cualquiera de los sentidos. Veamos cómo se da esto.

El principio de receptividad es un estado de conciencia que despierta al bajar las defensas y suspender los juicios. Es decir, a través de la no-acción renuncias a la modalidad de control de lo que percibes o sientes y activas la modalidad de descubrir cómo es y cómo transcurre tu experiencia sensorial cuando no tratas de eliminar ni retener nada. Casi desde las primeras meditaciones podrás constatar que la simple actitud de dejar ser, dejar ir y contactar tu experiencia inmediata te abre a un entorno mental tranquilo donde la atención tiende a integrarse de manera natural con lo percibido.

Por otro lado, el principio de claridad y su énfasis en la curiosidad hacia la naturaleza de lo que percibes y sientes sin mediación de juicios o conceptos te involucra naturalmente en descubrir. Y el acto de descubrir te mantiene interesado y atento de manera natural, sin esfuerzo. Una vez que se establezca la colaboración entre la receptividad y la claridad, tu atención se fusionará –o integrará– con lo que percibes.

La dificultad en mantener esta curiosidad contemplativa radica en que tu experiencia sensorial no parece ser tan interesante como el drama de la realidad virtual creada por los pensamientos. Es decir, te parece aburrida tu respiración y el transcurrir de las impresiones sensoriales, por lo cual te ves frecuente e inevitablemente atraído por otra cosa, aunque de forma consciente no hayas decidido prestarle atención. Si bien el aburrimiento se va superando a medida que te familiarizas con los principios de receptividad y claridad, puede ser muy útil posar tu atención intencionalmente en *algo* en particular.

Puesto que tienes seis campos sensoriales, puedes escoger cualquiera de ellos, una combinación de ellos o todos al mismo tiempo.

También puedes escoger algún proceso o clase de sensación dentro de algún campo sensorial. Veámoslo en mayor detalle.

El campo unificado de conciencia

Cuando decides posar tu atención en todos los sentidos a la vez, surge naturalmente una experiencia que podríamos llamar "campo unificado de conciencia"; es como si hubieses descubierto un sentido donde se integran todos los sentidos en una sola textura sensorial en constante transformación. Esto ocurre particularmente en la práctica de meditación de conciencia plena básica que se describe en la segunda parte de este libro

Figura 7. Campo unificado de conciencia

Si bien la práctica de conciencia plena básica –la atención que integra todos los sentidos, un campo unificado de conciencia sensorial– puede realizarse todos los días, también puedes meditar centrando tu atención en un solo campo sensorial en particular o en un proceso dentro de este. Hay buenas razones por las cuales esta puede ser una práctica apropiada o incluso necesaria.

Escoger algún campo sensorial

Posar tu atención suavemente en algún campo sensorial en particular o en un proceso dentro de este es una manera de meditar que puede beneficiarte mucho; veamos por qué y cómo.

Debido a factores como el temperamento y el condicionamiento individual –hábitos y habilidades– desarrollados a lo largo de la vida, la mayoría de los seres humanos tenemos más o menos abiertos algunos canales de percepción, por lo cual en la meditación básica de conciencia plena tenderá a haber poca presencia en algún campo sensorial. Por ejemplo, si la mayor parte de tu vida estás sentado escribiendo y no haces ejercicio, probablemente estarás bastante desconectado del cuerpo, por consiguiente no tendrás mucha sensibilidad ni conciencia de las sensaciones primarias del cuerpo (tensión, temperatura, etc.) a menos que sean muy intensas y desagradables. O si por condicionamiento familiar o cultural creciste reprimiendo tus emociones y su expresión externa, probablemente estés desconectado de tu cuerpo emocional, por lo que no tendrás mucha conciencia de la calidad de la energía, la gesticulación o el ambiente anímico general. Si cuando aproximas la meditación como un campo unificado de conciencia no sientes ni percibes el cuerpo o las emociones, o no te das cuenta del momento en que surge el diálogo interno, tu práctica perderá su potencial de liberar los hábitos psicofísicos en estos campos sensoriales.

Posar y mantener relajadamente tu atención en un campo sensorial en particular te permite cultivar sensibilidad y conciencia clara de los fenómenos energético-sensoriales que ocurren en el organismo psicofísico, y ello hace posible que puedas sentir y percibir lo que antes no estaba visible para ti. Posar y mantener tu atención en un campo sensorial en particular de manera relajada se da orgánicamente cuando hay un equilibrio de amplitud y foco.

Amplitud y foco: el equilibrio entre la totalidad y lo particular

Amplitud equivale a posar tu atención en la totalidad de tu experiencia sensorial. Es cuando la atención se integra en un campo unificado de conciencia que abarca los seis sentidos, tal como lo vimos anteriormente. Por otro lado, foco es posar parte de tu atención en un área en particular. Cuando equilibres foco y amplitud, notarás que las impresiones sensoriales del área focal tienden a mezclarse con las de los demás sentidos; es decir, las percibirás en un trasfondo de amplitud. Esto se aclarará en los párrafos siguientes.

• El foco puede ser de tres tipos:

1. *Posar parte de tu atención en un campo sensorial en particular o en una combinación de ellos.*

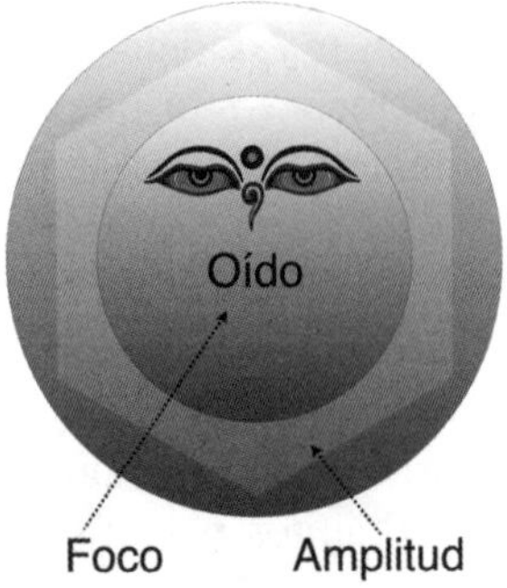

Figura 8. Oído y amplitud

Por ejemplo, el sentido del oído. Podemos representarlo de la manera siguiente:

En este caso el foco se experimentará como una mayor presencia de los sonidos y el silencio. Al mismo tiempo tu atención continuará abierta a los demás sentidos creando la sensación de amplitud. De esta manera tendrás la sensación de que los sonidos se mezclan con las impresiones de los demás sentidos.

• El foco puede estar en el sentido del cuerpo:

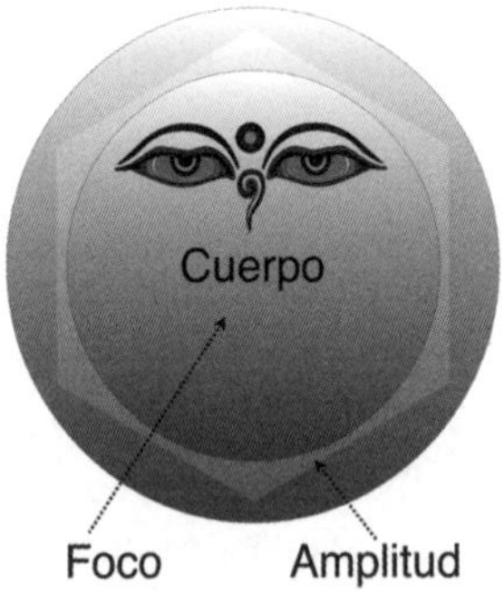

Figura 9. Cuerpo y amplitud

En este caso sentirás más claramente las sensaciones del cuerpo mezclándose con las impresiones sensoriales de los demás sentidos.

• El foco puede estar en ambos sentidos simultáneamente:

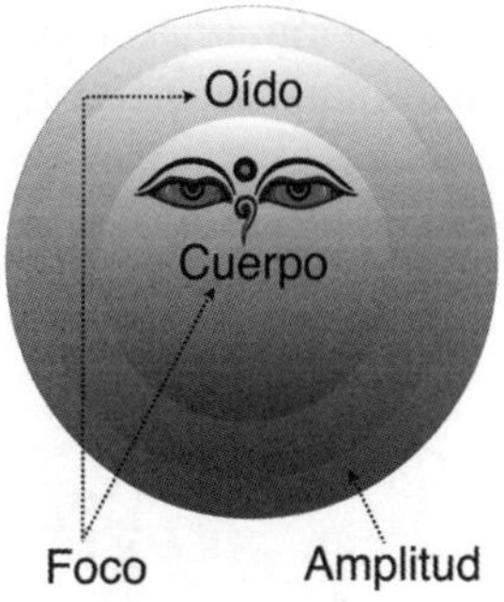

Figura 10. Oído y cuerpo, y amplitud

En este caso sentirás que las sensaciones del cuerpo y los sonidos se mezclan entre sí. Al mismo tiempo la amplitud de percepción te dará un sentido de un trasfondo abierto y espacioso.

2. *Posar parte de tu atención en una clase de sensación*. Por ejemplo, las sensaciones de tensión en el cuerpo.

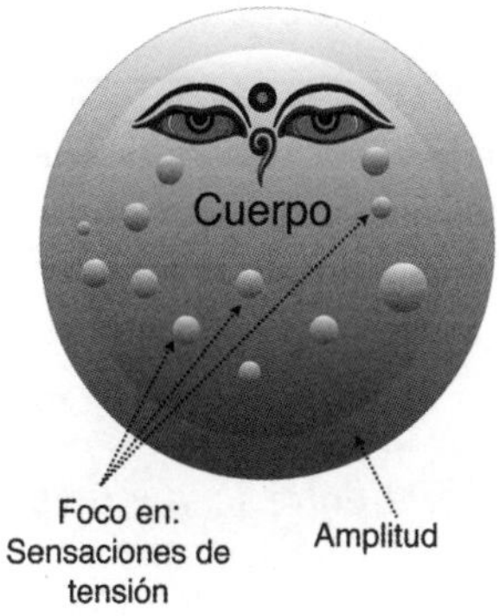

Figura 11. Sensaciones de tensión en el cuerpo, y amplitud

En este caso enfocas suavemente en la sensibilidad a una clase de sensación que ocurre en el cuerpo de manera global, las sensaciones de tensión, en este ejemplo.

3. *Posar tu atención en parte de un proceso específico dentro de un campo sensorial*. Por ejemplo, posar la atención en las sensaciones de la respiración. En este caso, el foco es sobre un proceso cíclico (la respiración) que se encuentra dentro de un foco más amplio (el cuerpo) en un contexto de aun mayor amplitud (los demás campos sensoriales).

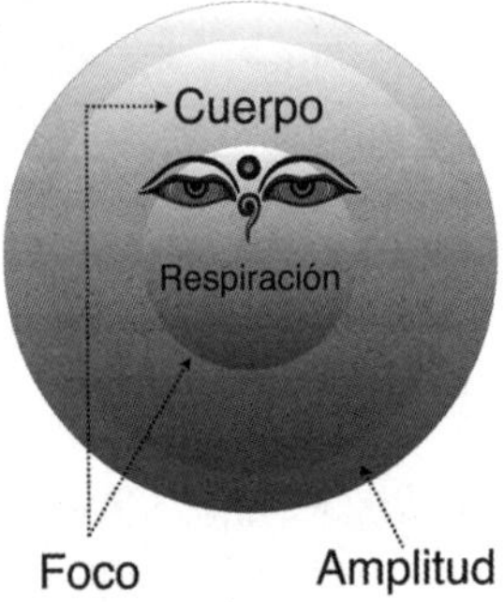

Figura 12. Sensaciones de respiración en el cuerpo, y amplitud

En este tipo de meditación percibirás la respiración con mayor presencia. Al mismo tiempo experimentarás cómo cada inhalación y exhalación se mezclan con las demás sensaciones del cuerpo. En el trasfondo amplio percibirás los sonidos y los pensamientos al surgir y disolverse.

El equilibrio entre foco y amplitud

La combinación entre foco y amplitud es particularmente efectiva, pues ambos aspectos colaboran entre sí, facilitando mutuamente su función: mientras el foco establece atención consciente de algo en particular, la amplitud brinda un contexto extendido que genera conciencia de lo que queda fuera del foco, restándole poder de distracción al integrarlo en el contexto completo. De esta manera, el equilibrio entre los dos aspectos se da de manera orgánica y sin tensión.

Esto se experimenta como si se mezclaran los sentidos; por ejemplo, las sensaciones de la respiración se mezclan con los sonidos, o los pensamientos se mezclan con la respiración.

Un ejemplo que bien puede tomarse como metáfora para casi cualquier actividad humana y que resalta el trabajo "en equipo" de la combinación foco y amplitud fuera de la meditación es el de un músico que interpreta una pieza en una orquesta: su atención está simultáneamente en la parte que le corresponde tocar y en el contexto que le proveen los demás músicos. La combinación de ambos le permite una interacción creativa que integra ambas partes en la conciencia.

Es muy común que los meditadores pongan demasiado énfasis y esfuerzo en mantenerse concentrados exclusivamente en las sensaciones de la respiración sin integrarlas con los demás campos sensoriales. Es decir, mucho foco y poco o nada de amplitud. Cuando la meditación se vuelve un esfuerzo tenso por concentrar la atención, lo mejor es reducir u olvidar la atención focal y despertar curiosidad hacia lo que está surgiendo en tu experiencia inmediata en los demás campos sensoriales, en particular en el cuerpo físico-emocional. De esta manera la atención se integrará orgánicamente con la amplitud de la percepción. En la segunda parte del libro se presentan las instrucciones puntuales para meditaciones que trabajan con distintas combinaciones de atención consciente.

A continuación se describe el efecto de practicar con atención consciente en diferentes áreas de tu experiencia psicofísica.

Atención consciente en el cuerpo

Meditar posando tu atención en el cuerpo es el equilibrio entre una mayor presencia (el foco) de las sensaciones en el cuerpo de contacto, temperatura, tensión y movimiento y las sensaciones sutiles (descritas en mayor detalle en el apartado "El sentido del cuerpo", pág. 57), dentro del contexto completo de los demás campos sensoriales (la amplitud).

Al meditar con atención consciente en el sentido del cuerpo se propicia una mayor introspección, lo cual te facilitará una mirada profunda que revele la naturaleza cambiante y fluida de las sensaciones corporales. Esta meditación, aparte de traerte grandes beneficios fisiológicos que resultan de la reducción del estrés, promueve la liberación de la energía psicofísica invertida en patrones mentales-emocionales más profundos o subconscientes. En la segunda parte se describen dos meditaciones con atención consciente en el cuerpo (págs. 145 y 147).

Atención consciente en el cuerpo emocional

En el capítulo anterior (pág. 63) vimos que el cuerpo emocional es la suma de sensaciones asociadas a la expresión emocional en el rostro y el cuerpo, los impulsos de contracción y la calidad energética general presente en el cuerpo y la mente. Posar la atención en el cuerpo emocional se da en el contexto general de las sensaciones somáticas. Meditar con mayor conciencia del cuerpo emocional es una práctica que requiere tener una sensibilidad interior con la cual algunas personas no están familiarizadas, por lo cual será una importante área de desarrollo. Para otras personas, el cuerpo emocional es un área más familiar y por ello les resulta bastante accesible desde un principio.*

En general, cuando el tono emocional es muy intenso o doloroso, es importante no enfocarte exclusivamente en él, sino integrarlo –dejar que se mezcle– con un campo sensorial que se abre al exterior, como, por ejemplo, el sentido del oído; de otra manera, es fácil caer en luchar contra tu estado emocional o alimentar su intensidad sin darte cuenta; este es particularmente el caso de un meditador poco experimentado. Si ya tienes más experiencia en la práctica,

* Esta diferencia corresponde en general a los diferentes temperamentos, los cuales tienen una base en parte genética y en parte desarrollada culturalmente. En general, las personas que tienden a buscar su centro y su orientación en las emociones encontrarán más fácil estar conscientes del cuerpo emocional. Mientras que las personas orientadas a buscar su centro y orientación predominantemente en las ideas o en el entorno, lo encontrarán un poco menos accesible, al menos en un inicio. La meditación tiende a equilibrar estos temperamentos.

simplemente asegúrate de llevar a fondo el principio de receptividad a la energía emocional, sin reprimirla ni "echarle más leña al fuego". Esto implica ser paciente con el cuerpo emocional, permitiendo que los sentimientos se abran, fluyan y se relajen a su propio tiempo, sin presionarlos. También debes asegurarte de mantener el pecho abierto, la espalda erguida y la cabeza centrada sobre los hombros, para que la postura te informe apertura y seguridad.

Una variante que puede ser muy útil para contactar el cuerpo emocional cuando tiendes a reprimir o negar algún sentimiento consiste en tomar conciencia de cualquier indicador físico que te revele tus emociones, por pequeño y tímido que sea, y exagerar ligeramente el gesto. Por ejemplo, cuando hay miedo o ira y te das cuenta de que estás huyendo de la emoción o tratando de negarla u ocultarla, detecta cualquier contracción o gesto en el estómago, el abdomen o el rostro, y durante unos segundos exagéralo ligeramente y luego suéltalo con suavidad, sintiendo cómo se relaja el gesto y se libera la energía. El espíritu con que se hace esto es más parecido al de un juego cuyo propósito es reconocer y aceptar la presencia de una emoción que estabas alejando o reprimiendo, e incrementar tu sensibilidad a su expresión en el cuerpo emocional. En la segunda parte se describe una meditación que te ayudará en este sentido (pág. 152).

Atención consciente en el campo auditivo

Posar la atención en el campo sensorial auditivo puede ser muy relajante y revelador. En general, produce una experiencia meditativa abierta y espaciosa.* El contacto sostenido con los sonidos y silencios que surgen en la conciencia del oído a partir de las ondas sonoras que llegan a ti puede ser muy refrescante y traerte un fuerte sen-

* Al igual que con los temperamentos descritos en la nota anterior, hay personas que encuentran mucho más fácil y útil meditar con énfasis en el campo auditivo y hay quienes lo encuentran más difícil e incluso perturbador en un inicio; no obstante, a medida que te orientes hacia un entorno mental receptivo y claro, se irá relajando la reactividad, hasta que te familiarices con el sentido del oído como un espacio de conciencia no polarizado.

tido de conexión con un entorno espacioso. Naturalmente, los sonidos más intensos te parecerán más presentes y los más débiles quedarán en un segundo plano. El silencio se percibe como el lienzo espacioso que rodea todos los sonidos y te permite distinguirlos. Esta meditación puede ser particularmente liberadora cuando tus estados mentales tienden a la obsesión o la depresión.

Atención consciente al olfato

Aunque no es una práctica muy común en la tradición budista en la cual está basada la meditación que estamos viendo, bien se podría utilizar el sentido del olfato como foco de la atención consciente, usualmente en combinación con las demás sensaciones de la respiración (véase "Atención a las sensaciones de la respiración", pág. 99), e integrándola con el sentido de la mente. Aunque no prestes atención particular al sentido del olfato, naturalmente habrá momentos en que este adquirirá más presencia, justo cuando surjan olores en el ambiente. A la inversa, cuando no lleguen a ti muchos estímulos olfativos notorios, este sentido parecerá perder relevancia, en cuyo caso serán más prominentes las sensaciones táctiles y de temperatura de la respiración.

Atención consciente en la mente

Meditar con foco de atención exclusivo en el sentido de la mente, es decir, posar la atención de manera sostenida en el campo sensorial donde surgen los pensamientos, solo se recomienda por momentos como un ejercicio, pues fácilmente te puede dar dolor de cabeza y provocar tensión en tu cuerpo. No obstante, durante todas las meditaciones es imprescindible integrar el sentido de la mente junto con otros campos sensoriales. Por ejemplo, descansar la atención en las sensaciones del cuerpo o la respiración y al mismo tiempo darte cuenta de los pensamientos que surgen y se disuelven en el espacio consciente.

En la segunda parte del libro se presenta una meditación que te ayudará a volverte más consciente del sentido de la mente (pág. 154). Esta es particularmente útil para todos los meditadores, pues es muy probable que no estés familiarizado con la posibilidad de contemplar los pensamientos sin dejarte cautivar por sus argumentos pero sin reprimirlos.

Atención consciente en el espacio visual

No es común utilizar un objeto visual como foco de atención primario, a menos que se haga una meditación observando un objeto externo, como una vela o las llamas de una fogata, lo cual tiende a producir un efecto semihipnótico o de fuerte retracción de los demás sentidos, que constituye en sí otro tipo de meditación distinta al de conciencia plena que nos concierne en este libro.

No obstante, sí que es factible y recomendable meditar con los ojos abiertos o entreabiertos suavemente, como vimos en el apartado "El sentido de la vista" (pág. 67). Esto implica posar de forma suave la atención en el espacio y la luminosidad con la que contactas a través del sentido de la vista.

Cuando meditas con los ojos abiertos es importante integrar otros sentidos, principalmente el oído, el cuerpo –incluyendo la respiración– y la mente. Lo importante es no fijar la vista en los objetos ni llevar la mirada de un lado a otro, sino mantenerla abierta y relajada sobre el espacio global que rodea los objetos y la luminosidad que impregna todo el campo visual.

Atención a las sensaciones de la respiración

La atención consciente en las sensaciones de la respiración es muy relevante en la tradición budista.[18] Consiste en descansar parte de la atención sobre las sensaciones corporales que se derivan de este proceso dinámico y vital, manteniendo al mismo tiempo conciencia del contexto amplio que abarca el resto de los campos sensoriales. Al inhalar y exhalar surgen naturalmente sensaciones corporales asociadas a la tensión y el relajamiento, la temperatura, el contacto y el movimiento, así como otras sensaciones más sutiles relacionadas con el proceso de tomar energía a través de la respiración.

Mantenerte consciente de estas sensaciones durante la práctica quiere decir sentirlas claramente en todo el cuerpo sin tratar de manipularlas, solo experimentando cómo vienen, cambian y se van. Cuando te vuelvas consciente de las sensaciones de la respiración en el cuerpo, comenzarás a notar que la totalidad del cuerpo está respirando. Al inhalar podrás percibir una ligera sensación de energización expansiva tanto en la piel como en los músculos y órganos internos y tejidos blandos, desde el vientre hasta el cerebro, e incluso en piernas y brazos. Asimismo, si te sensibilizas lo suficiente, en cada exhalación sentirás una relajación que ocurre a nivel de tejidos y células. También te darás cuenta de que mantenerte consciente de tu respiración va cambiando la duración y profundidad de cada inhalación y cada exhalación. Usualmente tu exhalación se volverá más larga y suave, y tu inhalación, más relajada y profunda.

Atención consciente al ahora

Posar tu atención en el ahora requiere ampliar la noción que convencionalmente tenemos de lo que puede ser objeto de la atención. Cuando prestas atención a las impresiones de cualquiera de los seis campos sensoriales, ya sea por separado, combinados, o todos juntos, cobras conciencia de sensaciones claramente tangibles. Tangibles como la sensación de tensión en un hombro, las sensaciones de expansión de la respiración o un pensamiento sobre los planes que tienes para mañana. Menos evidente pero bastante accesible es sentir la naturaleza cambiante de las impresiones sensoriales. Al percibir con claridad puedes darte cuenta de que la imagen sensorial de un sonido, un pensamiento o una emoción se transforma de un instante a otro. Ahora bien, todos estos eventos ocurren en el espacio temporal que llamamos el ahora. El ahora no es un fenómeno tangible de la misma manera que lo es el olor del incienso o un sonido, por lo cual no puedes prestarle atención focal; no obstante, es un aspecto sutil inseparable de tu experiencia en cualquier momento. Por consiguiente, puedes cobrar conciencia del ahora, como el breve espacio de tiempo en que ocurre la percepción momento a momento. Cobrar conciencia del ahora es un principio muy importante de la meditación de conciencia plena que puede catalizar la transformación de tus estados mentales y por ende tus estados de conciencia. Para darle el espacio que merece, la exploraremos en detalle en el siguiente capítulo: "Conciencia del ahora".

Familiaridad con la práctica

Con respecto al principio de calma y su acción sutil de integrar la atención, quizá en un inicio lo más inmediato sea aprender a sentir tu atención sin tratar de controlarla, familiarizándote con sus funciones de direccionalidad y continuidad. Esto te permitirá también reconocer tu estado mental y cómo este incide en tu atención, y viceversa: cómo tu atención incide en tu estado mental, pues son interdependientes. Si eres un ser humano normal, es probable que con cierta frecuencia tu estado mental tienda a polarizarse, por lo que tu atención se vuelve inestable y ansiosa en alguna medida. Si le infundes vida a los principios de receptividad y claridad, comenzarás a sentir cómo se despliega un entorno mental abierto y claro, donde la atención se integra orgánicamente y se calma la mente y el cuerpo.

Una guía útil para saber en qué posar tu atención es la siguiente: la meditación de conciencia plena se basa en una percepción receptiva y clara que integra por lo menos los campos sensoriales auditivo, corporal (incluyendo cuerpo emocional) y mental. Por lo tanto, durante algún tiempo será imprescindible hacer prácticas de atención consciente de cada uno de estos campos sensoriales, y posteriormente familiarizarte con la atención a la totalidad de tu experiencia en un campo unificado. Este proceso se beneficiará inmensamente del principio de conciencia del ahora, que veremos en el capítulo siguiente.

También es importante comprender que la manera de usar tu mente en la vida cotidiana afecta considerablemente tu capacidad de enfocar la atención y equilibrarla con amplitud de conciencia. Evitar andar deprisa y hacer siempre una cosa –en lugar de varias a la vez– manteniendo una atención consciente y dedicada en cada tarea es una excelente manera de crear las condiciones para que tu atención sea menos volátil en el momento de meditar. Pasar tiempo en la naturaleza con cierta regularidad, o practicar actividades como el yoga, el chikong o el taichi, así como algún arte, aunque sea a nivel de aficionado, además de proporcionarte beneficios en otras áreas de la mente, el cuerpo y las emociones, también pueden ser de gran ayuda para que tu atención se estabilice y se integre con naturalidad.

6. CONCIENCIA DEL AHORA

Que nadie persiga el pasado
ni viva esperando el futuro;
porque el pasado ya no es
y el futuro aún está por ser.
Lo que hay que ver cabalmente
es lo que ahora surge a cada momento.

EL BUDA (fragmento MN 131)[19]

INTRODUCCIÓN

El ahora es un momento en constante actualización y es un aspecto transparente que acompaña toda tu experiencia. Todo lo que oyes, ves, hueles, gustas, sientes en el cuerpo, piensas en palabras o imágenes, así como las emociones que sientes, constituye tu experiencia consciente del ahora. El ahora es el breve espacio de tiempo en que ocurre la vida momento a momento. No obstante, es probable que rara vez seas consciente de ello.

Si eres como la mayoría de los seres humanos, pasarás gran parte del tiempo viajando entre el pasado y el futuro de la realidad virtual construida con tus pensamientos. Es muy probable que tu sentido de lo que es real y de quién eres tú surja principalmente de los recuerdos, planes, significados e interpretaciones habituales sobre todo y sobre todos. Esto, a su vez, habrá fijado tu sentido de ser alrededor de los hábitos de pensamiento y emoción que consolidan el entramado de tu realidad personal. Además, con el tiempo, esto se ha vuelto un filtro a través del cual significas automáticamente lo que ocurre en el ahora. De manera que aun en aquellos momentos en que crees estar en el ahora, porque al parecer no estás distraído, tiendes a leer el presente desde los hábitos de interpretación creados en el pasado y reforzados por las innumerables veces que has acudido a ellos para entender y reafirmar lo que ocurre en tu vida. Si es así, es probable que tu existencia se haya vuelto repetitiva y que hayas perdido de vista el acceso a la riqueza de posibilidades que se abre a cada momento. Quizá no sea exagerado decir que vives una parte importante de tu vida dentro de un sueño; un sueño difícil de ver como tal.

Cultivar una disciplina meditativa basada en estar consciente del ahora te irá despertando del sueño. Notarás cómo van perdiendo fuerza tres tendencias: vivir en el drama de la realidad virtual, definir el presente a través del filtro del pasado y mantenerte en una existencia repetitiva. Veamos cómo ocurre esto.

El ahora y el tiempo histórico: dos estados de conciencia

Contemplar el ahora tiende a despertar un estado de conciencia diferente al que habitas cuando vives centrado en el tiempo histórico y psicológico donde se teje la trama de la realidad virtual personal. Cuando te mantienes consciente del ahora por períodos largos de tiempo, se tienden a desactivar los procesos mentales que dividen tu experiencia en conceptos y significados y los almacenan en memoria de largo plazo. En el estado de conciencia del ahora se desvanece el lenguaje verbal y sientes que tu mente se actualiza momento a momento. Por lo mismo, resulta imposible definir los límites de las impresiones sensoriales: dónde empieza y dónde acaba un sonido, una sensación, una emoción o un pensamiento. Lo que percibes son fenómenos dinámicos sin una esencia propia que se sostenga de un segundo a otro, pues su transformación constante no permite que se solidifiquen en algo fijo. Los estados de conciencia del ahora te llevan a una experiencia de totalidad, como un gran abrazo que incluye absolutamente todo lo que está ocurriendo. Este mismo sentido de totalidad conlleva una visión de complejidad, completitud e interdependencia: nada falta, nada sobra y todo existe en una red de condiciones dinámicas.

En contraste, crear tiempo histórico requiere fijar en la memoria los eventos sensoriales del presente, para lo cual el cerebro-mente utiliza procesos cognitivos que definen (dividen y delimitan) la experiencia inmediata. A los elementos ya definidos y separados les atribuye significado, convirtiéndolos así en piezas del juego de tu realidad virtual personalizada. Los procesos mentales que crean el tiempo histórico establecen intervalos de separación entre un elemento y otro, entre un recuerdo y otro, entre un significado y otro. De esta manera se crea una lógica causal y un sentido de referencia y continuidad entre pasado, presente y futuro. Es así como se desarrolla tu yo biográfico y la realidad virtual. Los estados de conciencia que surgen de habitar predominantemente tu ser biográfico suelen ser estrechos y superficiales. Estrechos porque tienden a limitarse una y otra vez al mismo contenido mental, sin dar cabida a otros aspectos y dimensiones de tu experiencia. Superficiales porque remitirte constantemente a tu propia interpretación de las situaciones o personas no te permite captar complejidades, entrar en profundidades, ni percibir sutilezas y matices.

La mente de principiante

Es importante aclarar que incluso antes de formarse los elementos de tu realidad virtual personalizada, la percepción humana tiende a funcionar a través de filtros que encajan lo que percibes dentro de un inventario de posibles objetos, situaciones o experiencias conocidos. Cuando llegan ondas sonoras a tu sentido del oído, los filtros de la percepción las etiquetan veloz y automáticamente, por ejemplo, como el sonido de un auto al pasar o el pregón de un vendedor ambulante. Cuando llega un patrón de luz a tu sentido de la vista, tu mente lo distingue velozmente como una flor, porque esta distinción está formada en tu percepción desde temprana edad. Cuando te encuentras con una persona que conoces, en el acto la distingues porque su imagen está en tu inventario. De aquí surge la sensación que tienes de familiaridad o significado básico inmediato del mundo: estás viendo tu inventario.

Para un meditador asiduo, especialmente durante retiros de meditación, este nivel de etiquetado puede debilitarse o desaparecer durante una sesión de práctica. Se trata de estados de conciencia del ahora que te permiten escuchar un sonido como textura sonora en constante metamorfosis, sin la etiqueta: el sonido como sonido, la sensación como sensación, y no como representación de algo ni como un elemento del inventario de lo conocido. Y esto se aplica a todos los campos sensoriales, aunque en menor medida al campo visual.

No obstante, aun si eres un meditador con poca experiencia, pronto te darás cuenta de que, si al percibir sonidos o sensaciones en el cuerpo no les cuelgas evaluaciones o significados ni elaboras comentarios sobre ellos, su etiqueta pasa a segundo plano y surge en primer plano un fenómeno sensorial transitorio que nunca antes habías experimentado exactamente así. Esto es lo que en el budismo Zen se llama *mente de principiante*, la capacidad de experimentar como nuevo e irrepetible cada momento de vida.

¿Cómo habitar el momento presente?

Los tres principios que hemos visto en secciones anteriores, la receptividad, la claridad y la calma, son poderosos aliados que te conectan con el ahora y te facilitan morar en él. La receptividad te lleva a desactivar la tendencia a dividir y fijar la experiencia de cada instante y te conecta con la dimensión abierta y fluida de todo lo que percibes y sientes. La claridad activa una mirada profunda y curiosa hacia tu experiencia sensorial y emocional. La calma es la quietud que surge cuando has dejado de crear un entorno mental polarizado, impulsado por emociones de miedo y aversión, y tu atención se integra sin esfuerzo en la percepción. Además de apoyarse en los tres primeros principios, tu meditación se volverá más profunda y efectiva y cada vez más espontánea en la medida que cobres conciencia del ahora como un aspecto de tu experiencia en todo momento.

Las tres acciones sutiles del principio de la conciencia del ahora

Al cobrar conciencia del ahora, despiertan estados de conciencia que te permiten tres conocimientos: 1) el ahora es una experiencia sensorial en constante actualización; 2) el ahora se siente como un espacio de tiempo y conciencia que surge con tu experiencia sensorial, y 3) al mantenerte consciente del ahora con abandono se transforma tu sentido de ser. Cada uno de estos tres conocimientos corresponde a cada una de las acciones sutiles del principio de conciencia del ahora. Las acciones sutiles son: a) reconocer el ahora; b) abrirte a un sentido de espaciosidad, y c) dejar ir al meditador. Veamos cada una de ellas.

Reconocer el ahora. En un nivel muy básico, todos los seres humanos* tenemos la capacidad innata de distinguir cuándo estamos inmersos en un escenario virtual. En la meditación, esto lo reconoces como "estar distraído" o "ausente". Esta misma capacidad te permite distinguir cuándo estás conectado con el ahora del mundo físico. Seguramente lo defines como "estar atento" o "presente". Este nivel de reconocimiento del ahora es tu primera puerta de acceso a cobrar conciencia del ahora. Si ajustas ligeramente el énfasis de la visión profunda, descubrirás que el ahora es la sensación de que *esto* está en constante actualización. Instante tras instante se renueva tu experiencia en un despliegue interminable de sensaciones y percepciones siempre distintas. Una vez que descubras que el ahora es actualización constante, te resultará más fácil reconocerlo cada vez que te

* Siempre y cuando esté disponible la base cerebral que permite las capacidades metacognitivas. La metacognición es lo que hace posible que te des cuenta de cómo funciona tu mente, e incluso de volverte consciente de estar consciente. Es muy probable que en ciertos padecimientos neuronales como los infartos cerebrales, o en casos congénitos de desarrollo incompleto del cerebro, no sea posible la metacognición.

sientes a meditar. En resumen, reconocer el ahora es una acción sutil con dos niveles: el primero es darte cuenta de cuándo estás a punto de ausentarte del ahora e iniciar la excursión al "allá y entonces"; al darte cuenta, reafirmas estar presente, se cancela la excursión. El segundo nivel es reconocer el ahora como la actualización constante de tu experiencia.

Abrirte a un sentido de espaciosidad. Cuando eres consciente del ahora, puedes abrirte al sentido de espaciosidad que acompaña la constante actualización de toda tu experiencia. Es como descubrir el espacio en que fluyen las aguas de un río, e incluso el espacio que ocupa el lecho del río. La diferencia entre esta experiencia y la descrita anteriormente bajo el término "campo unificado de conciencia" (véanse págs. 80 y 90) es sutil, pero tangible. El campo unificado de conciencia surge cuando estás atento a los seis campos sensoriales al mismo tiempo, percibiendo la textura de las impresiones sensoriales en transformación. Mientras que el sentido de espaciosidad surge cuando te das cuenta de que todo esto parece ocurrir en un espacio consciente y vacío. Debido a su transparencia y su interdependencia con lo que percibes, la espaciosidad del ahora nunca puede ser convertida en *algo*. No puedes señalarla y decir: «¡Mira, ahí está!», pues no es algo separado de tu experiencia sensorial, sino un aspecto de ella, como el agua es un aspecto inseparable de una ola. No hay una sin la otra. La acción sutil de abrirte a un sentido de espaciosidad consiste en descansar tu mente en la espaciosidad transparente y vacía en que ocurre la actualización constante de la percepción.

Dejar ir al meditador. Explicar esta acción sutil desafía aún más los límites del lenguaje. Dejar ir al meditador es olvidarte de ti. A través de la práctica no solo habrás soltado el apego a tus patrones mentales y a la realidad virtual que brota de ellos, sino que ya habrás reconocido el ahora en la actualización de cada instante, incluso te habrás abierto a un sentido de espaciosidad; entonces ha llegado el momento de abandonar la perspectiva de que tú eres el que está meditando. Este acto de abandono despierta un estado de conciencia donde se transforma tu sentido de ser durante la meditación.

La acción sutil de *dejar ir al meditador* es una paradoja. La paradoja está en que si hay alguien que deja ir al meditador entonces no se ha ido el meditador; de hecho, parece haber dos personas en esta propuesta: una que deja ir a otra. No obstante, la paradoja es solo una ilusión de imposibilidad creada por las limitaciones del lenguaje. Dejar ir al meditador es un acto de abandono imposible de describir en palabras sin caer en la contradicción.

Aunque tampoco hay palabras que puedan describir adecuadamente cómo se siente la transformación del sentido de ser que resulta de este acto de abandono, hay dos descripciones usadas por los meditadores a través de los siglos: la primera es sentir que eres simplemente una presencia consciente, la segunda es que desaparece completamente el meditador. Es muy engañoso hablar de niveles en estos temas. Sin embargo, me parece que la experiencia de ser una presencia consciente es más accesible a la mayoría de los meditadores con una práctica asidua, mientras que el desaparecer del meditador requiere más experiencia y en general solo ocurre por momentos o períodos relativamente cortos de tiempo. Exploremos un poco más estas dos experiencias.

Ser simplemente una presencia consciente se experimenta como que te has vuelto ligero, abierto y transparente; no hay pendientes ni preferencias. Es como si se hubiera desvanecido la capa de significados habituales con los que te habías identificado y de pronto te encontraras desnudo y sin máscara. De repente surge una sensación de intimidad y cercanía con lo que percibes y sientes a tal grado que te vuelves transparente y ligero. Es claro que estás ahí, meditando, pero solo eres una presencia consciente inseparable de la actualización constante de tu experiencia. El siguiente verso del budismo Zen japonés captura esto de maravilla:

> Estudiar el camino del despertar es conocerse a sí mismo. Conocerse a sí mismo es olvidarse de sí mismo. Olvidarse de sí mismo es ser actualizado por miríadas de cosas.

DOGEN (siglo XIII)[20]

Si continúas en este acto de abandono descubrirás que es posible un mayor atrevimiento: puedes dejar ir al meditador aún más hasta el grado que desaparece. El observador y lo observado son exactamente lo mismo. Esta experiencia la describen los filósofos de la mente, al igual que los meditadores, como el "desvanecerse la ilusión de separación entre sujeto y objeto". Un verso del poeta T.S. Eliot lo ilustra muy elocuentemente:

> … O una caída de agua o música escuchada tan profundamente
> que no es escuchada en absoluto, sino que eres la música
> mientras la música dura.

Fragmento de "Four Quartets" de T.S. Eliot[21]

El sentido de ser

Conviene aclarar el término *sentido de ser* como se usa en este contexto. En su comprensión más general se refiere a la impresión de ser uno el que está teniendo experiencias, de ser tú el que está leyendo esto en este momento. Pero con un poco más de curiosidad, te darás cuenta de que tu sentido de ser no existe como una entidad independiente de tu experiencia, por lo cual no es algo fijo e inamovible, sino todo lo contrario, puede constituirse a partir de cualquier combinación de aspectos de tu experiencia y en diferentes grados, e incluso cambia en distintos contextos. No tengo la menor duda de que te consta que tu sentido de ser es mutable y depende de muchas condiciones. Te consta porque a través de tu vida se ha transformado de manera notoria y a veces radical tu sentido de ser, como si hubieras tenido ya varias vidas.

Podríamos considerar un espectro de sentidos de ser que van desde lo instintivo hasta lo biográfico, de la naturaleza a la cultura, de lo lleno a lo vacío. En el extremo instintivo, tu sentido de ser surge como la sensación de primera persona que como ser vivo te acompaña durante toda la vida. Moviéndote en el espectro, tu sentido de ser surge de lo que ves, oyes, sientes, gustas, hueles y piensas; surge también de la manera en que interpretas y te relacionas con objetos, situaciones y personas, incluyendo tus preferencias, las emociones que impulsan tus acciones y las decisiones que tomas. Hacia el otro extremo del espectro, tu sentido de ser surge de tus hábitos, tus puntos de vista y tu memoria biográfica; puede estar lleno de la narrativa histórica personal que te cuentas, o casi vacío de biografía; puede surgir en mayor o menor medida de la cultura, y de las ideologías y sus paradigmas. Según a qué te apegues, así le corresponderá un sentido de ser. Mientras menor sea el apego a algo, menos se convertirá eso en tu sentido de ser.

En la meditación descubres que al no rechazar, no retener y no perseguir nada, se desactivan los patrones emocionales aflictivos y se disuelven las perspectivas fijas, con lo cual sientes que tu sentido de ser pierde solidez y fijeza. Si meditas con asiduidad, cobrando conciencia del ahora, en algún momento podrás constatar que tu sentido de ser puede estar tan poco influenciado por tu historia personal que sientes que se vuelve transparente y ligero, como una simple presencia consciente actualizándose momento a momento. Y quizá en algún instante sientas que el meditador desaparece; tu sentido de ser se vacía de contenido y se convierte en la experiencia consciente del ahora, sin separación alguna entre el observador y lo observado.

Algunos indicadores de la conciencia del ahora

Para ayudarte a aterrizar en este principio de la meditación, en la tabla 4 se presenta un resumen de los indicadores de cómo es tu experiencia de cuerpo, emociones, mente y sentido de ser cuando meditas con conciencia del ahora, o cuando te extravías en la realidad imaginada.

Área de la experiencia	Cuando eres/estás en el ahora	Cuando eres/estás en la realidad imaginada (el allá y entonces)
Cuerpo y cinco sentidos físicos	Percibes las impresiones sensoriales, a medida que surgen, se transforman y pasan, sin dejar rastro ni convertirse en abstracciones. Las tensiones físicas tienden a relajarse naturalmente	Te desconectas de los canales sensoriales. La percepción se vuelve opaca y cada vez más lejana. Dejas de sentir la calidad energética cambiante de los pensamientos y las emociones. Puedes quedarte dormido o, en casos extremos, desmayarte
Emociones	Las emociones se actualizan rápidamente en perfecta correspondencia en intensidad y duración con lo que percibes en el ahora. Tienden a desactivarse los patrones emocionales, experimentándose como tensión que se disuelve en relajamiento. Puedes sentir serenidad, gozo, aprecio estético y conexión con todo. El período de meditación se te pasa volando y sientes gratitud al terminar	El cuerpo emocional se percibe intenso y perturbado. Los patrones emocionales colorean tu experiencia. Se empiezan a acumular emociones insistentes, perceptibles como estrés, tensión o estados mentales persistentes. La meditación te parece interminable y frustrante, quisieras levantarte y hacer otra cosa

Tabla 4. La experiencia del ahora frente a la realidad imaginada

Área de la experiencia	Cuando eres/estás en el ahora	Cuando eres/estás en la realidad imaginada (el allá y entonces)
Sentido de la mente	Percibes el surgimiento de pensamientos y patrones mentales. Los experimentas como sensaciones con cierta calidad energética en transición, mientras su contenido conceptual o narrativo se disuelve por sí solo	Produces abundantes pensamientos de futuro y pasado, a menudo asociados con "hubiera", "habría" y "debería ser". Hay una constante narrativa sobre cosas que están pasando en el ahora, tiendes a añadirle significado a tu experiencia, a menudo surgen evaluaciones y juicios
Sentido de ser	Sientes ser tu experiencia sensorial en constante actualización. O sientes ser una presencia consciente y transparente. Tiende a disolverse la separación entre sujeto y objeto. Desaparece el meditador	Te experimentas como el protagonista con respecto al cual ocurre todo. Estás inmerso en la película de tu vida. Esto resalta porque todo te lo tomas de forma personal, te apegas a una sola perspectiva de las cosas y estás constantemente buscando seguridad y control en crear ideas fijas sobre todo y todos

Tabla 4. La experiencia del ahora frente a la realidad imaginada (*Continuación*)

La conciencia del ahora fuera de la meditación

En los cursos de meditación algunas personas preguntan alarmadas cómo se puede vivir la vida solo desde el ahora. Es una inquietud legítima, pero no deberían preocuparse. Estar consciente del ahora fuera de la meditación no implica renunciar a hacer planes o proyectos o a utilizar conceptos e ideas, sino permitir que el conocimiento que te brinda la conciencia del ahora te ayude a plantear y desarrollar tus proyectos en la vida con el beneficio de una visión abierta de la realidad en su complejidad dinámica e interdependiente. Más aún, la libertad de ser que surge con la conciencia del ahora te permite honrar con mayor plenitud tus aspiraciones y moverte con soltura hacia nuevas perspectivas que conllevan posibilidades nunca antes vislumbradas.

Indagar en la experiencia

He aquí tres preguntas de indagación que te pueden ayudar a despertar el principio de conciencia del ahora: «¿Dónde estoy?», para la acción sutil de reconocer el ahora; «¿Dónde toma lugar esto?», para abrirte a un sentido de espaciosidad; «¿Quién está meditando?», para inspirar el acto de abandono que es dejar ir al meditador. Ya sea que te formules literalmente las preguntas o que sean solo un filo de descubrimiento, olvida el lenguaje y olvídate de ti mismo; entrégate al ahora, a la sensación de constante actualización, al espacio de tiempo y conciencia en que ocurre tu percepción, y en un acto de absoluta convicción y confianza renuncia a la separación entre tú y tu experiencia.

Familiaridad con la práctica

Reconocer el ahora es relativamente fácil y directo para cualquier persona en cualquier momento, por unos segundos. Mantenerte en este reconocimiento puede requerir más experiencia en la práctica. La dificultad puede estar en que te atrae tanto el drama de tu historia personal o el hábito de narrar todo lo que pasa que no te percatas de cuándo comienzas a abandonar el ahora para meterte en el allá y entonces. Lo que facilita reconocer el ahora es asegurarte de que mantienes activos los tres principios previos: receptividad, claridad y calma. Con un poco más de experiencia, te resultará bastante natural reconocer el ahora en la constante actualización de tu experiencia, esto te permitirá mantenerte largos períodos de tiempo en el momento presente, pues todo lo que percibes colabora en ello porque todo ocurre en el ahora, incluso los pensamientos. Parecerá que la meditación te está meditando a ti.

Abrirte a un sentido de espaciosidad es sencillo, aunque fácilmente se puede confundir con entrar en trance o caer en sopor. La diferencia está en que el sentido de espaciosidad conlleva una claridad lúcida. La dificultad más común para abrirte a un sentido de espaciosidad radica en que te seducen más las formas que el espacio consciente en que se actualizan, tal y como al ver una película te atrae más la historia y los protagonistas que la pantalla donde rebota la luz del proyector. Una desviación menos evidente es que te pongas a buscar la espaciosidad consciente en algún lado, como si fuera algo externo a ti, o separado de lo que percibes. Recuerda que es solo un aspecto que acompaña tu experiencia, como la ola y el agua son inseparables.

Dejar ir al meditador también es muy sencillo, pero en general, requiere bastante más familiaridad con los estados de conciencia del ahora. Una práctica asidua, e incluso asistir a retiros de meditación con cierta regularidad, te dará el acceso cuando menos te lo esperes. El principal obstáculo puede ser que en vez de dejar ir al meditador te pongas a tratar de construir una experiencia de transparencia o ausencia, como si fuera una cosa que tuvieras que percibir o algo específico que lograr. La sensación de ser una presencia consciente o de desaparecer la separación entre sujeto y objeto no puede ser producida tratando de lograrla, pues solo resulta de un verdadero acto de abandono, mientras te mantienes lúcidamente consciente. En general, todos los principios de la meditación y sus acciones sutiles implican un acto de abandono, pero la conciencia del ahora lo lleva aún más al corazón de tu sentido de ser. Siguiendo la pista de cada acción sutil y cada principio, de pronto reconocerás el acto de abandono como una corriente misteriosa que te invita a entregarte con audacia.

Una práctica madura es aquella en la que reconocer y morar en el ahora en un sentido de espaciosidad y presencia es algo cada vez más espontáneo, pues tu sentido de ser se habrá vuelto flexible y fácilmente se constituye a partir de la naturaleza fluida y abierta de tu experiencia en el ahora. A partir de ese momento está a punto de desaparecer el meditador, dejarlo ir será fácil. Ya en la vida cotidiana, te sentirás tan pleno siendo transparente e ingrávido que en algún momento te preguntarás cómo es que antes te seducía tanto ser el protagonista de una película mental dramática. Es como si hubieras llegado a casa después de un largo y cansado viaje.

Todos los meditadores descubren tarde o temprano que dejar ir al meditador requiere renunciar a comentar internamente las experiencias que estás teniendo, o a tratar de encontrarle significado a lo que estás experimentando, justo porque todo eso crea nuevamente la ilusión de separación, de ser alguien meditando, alguien comentando algo. De pronto te vuelves alguien tratando de apropiarse de las experiencias espirituales para guardarlas en el inventario personal. Por lo mismo, es mejor no convertirlas en lenguaje, ni considerarlas logros personales; tampoco se las cuentes a nadie, ni a ti mismo. No solo porque el orgullo del aparente éxito te hará más difícil dejar ir al meditador, sino porque al hacerlo te estarás engañando, pues ni pueden ser capturadas en palabras, ni son algo que pueda ser poseído por alguien.

Acción sutil	Indagar en la experiencia
• Reconocer el momento presente • Abrirte a un sentido de espaciosidad • Dejar ir al meditador	• ¿Dónde estoy? • ¿Dónde toma lugar esto? • ¿Quién está meditando?

Tabla 5. Principio de conciencia del ahora

7. AMOR INCONDICIONAL

El optimismo de la mente creativa persiste
a pesar de los estímulos desagradables.
Ama donde no hay razón para amar,
es feliz donde no hay razón para ser feliz,
crea donde no hay posibilidad de creatividad,
y de esta manera construye un cielo
en medio de la desesperación del infierno.

SANGHARAKSHITA[22]

INTRODUCCIÓN

Amor incondicional es cuando la energía vital se convierte en una conexión amable y profundamente apreciativa con lo que percibes, tal como es. Esta conexión comienza a darse naturalmente en la medida en que tu energía vital deja de invertirse en los patrones mentales y se integra en el continuo de cuerpo-emociones-mente, propiciando así una relación amable con lo que percibes. El proceso se inicia cuando dejas de alimentar las reacciones de rechazar, retener o perseguir experiencias, con lo cual disminuye la tendencia a idealizar o congelar en definiciones polarizadas lo que percibes.

El contacto amable, paciente e íntimo con la naturaleza cambiante de lo que percibes y sientes a cada instante tenderá a abrir tu corazón. Esto se experimenta como una positividad emocional hacia ti mismo y hacia tu entorno de seres vivos, naturaleza y elementos. Es un estado de conciencia a la vez sereno y gozoso que persiste por igual en la presencia de sensaciones agradables o desagradables. La ausencia de reactividad hacia ellas, aunada a la percepción lúcida de su naturaleza cambiante y abierta, son los factores que la nutren.

Amor incondicional* se refiere a la capacidad de amar sin esperar nada a cambio y sin poner condiciones. Es la inclinación natural del corazón al contactar con uno mismo, con otros seres y con situaciones cuando no hay miedo, ira o apego, cuando no hay juicios ni ideas fijas de por medio. Amor incondicional es una emoción positiva dotada de inteligencia que se conecta con la naturaleza abierta y cambiante de todo. Llevado a la vida cotidiana, el amor incondicional te permite responder creativa y amablemente a las personas y situaciones en cualquier circunstancia.

En la práctica de conciencia plena que estamos explorando, el principio de amor incondicional desempeña un papel muy importante en colaboración con los demás principios. Al estar activos y frescos los principios de receptividad, claridad, calma y el ahora, se abren las puertas para el surgimiento espontáneo de una positividad que parece impregnar todas tus experiencias de cuerpo, emociones y mente. Asimismo, la positividad emocional te sirve como fiel indicador para saber si los cuatro principios anteriores están colaborando activamente.

Amor incondicional no es una cuestión de todo o nada, sino un abrir de corazón, que se hará posible cada vez más en distintos niveles y en distintas circunstancias. A través de la meditación notarás que el corazón se va aligerando a medida que disminuye el apego a las ideas sobre las personas o cosas y a medida que se aligera tu sentido de ser. En particular, notarás dos actitudes que provienen del amor incondicional: paciencia y amabilidad.

13. *Maitri*, en sánscrito, y *Metta*, en el idioma pali.

Paciencia

Es la disposición a brindar el espacio y tiempo a algo que percibes, sientes o experimentas y que te permite relacionarte con ello como el proceso vivo que es. Es lo contrario de la prisa, la premura y la impaciencia. Aplicada a la meditación, paciencia quiere decir una actitud abierta hacia todo lo que percibes y sientes, incluyendo las sensaciones agradables, desagradables o neutras que les acompañan. Se traduce también en una ausencia de prisa por obtener un resultado específico; es decir, no hay expectativas que te impidan sentir la actualización constante de tu experiencia interna y externa a su propio tiempo.

Como indicador de pérdida de receptividad

Perder la paciencia es lo que sucede en la vida cotidiana justo antes de que emprendamos una de dos acciones: huir o pelear. Ambas son reacciones vinculadas al instinto de alejarse de una sensación desagradable o intentar subyugarla; es decir, son componentes del hábito de *rechazar*. Si al inicio de la práctica te propones mantener viva la acción sutil de tener paciencia, pronto notarás que tiendes a perderla cuando te dejas ir con los impulsos de rechazar o cuando te distancias de la experiencia sensorial.

La paciencia hace falta especialmente cuando la meditación no ocurre de la manera en que te gustaría. Lo notas porque surge un ligero enfado y comienzas a forzar las cosas o a perseguir experiencias idealizadas. Si das por concluida la meditación antes del tiempo previsto, es muy probable que te haya ganado la impaciencia. Cultivar la paciencia te permite recuperar el aspecto incondicional de la receptividad: dejar ser y dejar ir.

Como indicador del cierre de los sentidos

Cuando pierdes la paciencia, tiendes a distanciarte de lo que está ocurriendo en el momento presente en los seis campos sensoriales, dejas de percibir con claridad y te pasa inadvertida la naturaleza cambiante de todo lo que percibes y sientes. Es parecido a cuando estás de visita en algún lado y ya te quieres ir pero algo te lo impide. En ese momento nada de lo que te rodea te interesa, eres incapaz de relacionarte lúcidamente con tu entorno y con tu cuerpo. Al recobrar la paciencia puedes abrir nuevamente las puertas de los sentidos y conectarte con tu experiencia inmediata.

Como indicador de la desintegración de la atención

Cuando has perdido la paciencia, tiendes a desconectarte y tu atención comienza a inquietarse, volviéndose incapaz de integrarse con tu experiencia inmediata. La energía emocional se vuelve volátil y ansiosa, informada por un afán de controlar lo incontrolable; en pocos minutos habrás perdido la calma y tu atención será tan inestable como un velero en medio de una tormenta.

Como indicador de ausentarse del ahora

Si bien el ahora es la increíble actualización constante de tu vida en cada momento, durante la meditación te puede parecer más aburrido de lo que te sientes capaz de tolerar, sobre todo en contraste con lo seductora que puede ser la realidad virtual de la mente con sus juicios, significados añadidos, puntos de vista y escenarios dramáticos. Cuando pierdas la paciencia hacia el ahora, te sentirás irresistiblemente atraído hacia la realidad imaginada –el "allá y entonces"–. Notarás que se empiezan a cerrar y opacar los sentidos, se desactiva la conciencia del ahora y pierdes el contacto consciente con el ritmo natural del surgir, transcurrir y cesar de cada instante.

Amabilidad

Amabilidad es una auténtica respuesta apreciativa desde el corazón hacia tu experiencia inmediata. Este es un principio de gran importancia en la meditación por dos razones. La primera es que, al igual que la paciencia, te alerta cuando los otros principios han perdido vida. La segunda es que te permite conectarte con una aceptación radical hacia aquellas partes de ti que has concebido como malas o indeseables, por lo cual te disgustan o no las quieres ver.

En efecto, a través de la meditación es común que contactes con aspectos de ti que no te gustan o no quisieras ver ni reconocer y es muy fácil reaccionar con aversión hacia ellos. Pueden ser partes de tu propio cuerpo, cierto tipo de sensaciones que brotan en él, pensamientos o emociones, e incluso ideas que te has hecho de ti con respecto a lo malo que eres para tal o cual cosa. Las reacciones de aversión hacia tu experiencia de cuerpo, emociones y mente alimentan una dinámica de negatividad hacia tu sentido de ser que bloquea la práctica meditativa. Más aún, esta negatividad trae como consecuencia que tu sentido de ser se constituya como un constante conflicto interior. El yo bueno contra el yo malo. Una ficción muy dolorosa e inútil.

Una situación típica de aversión hacia uno mismo

Puedes darte cuenta de que no estás respondiendo con positividad emocional hacia ti mismo cuando detectas una sensación de enfado con la que intentas excluir o eliminar algo que estás sintiendo o percibiendo. A veces es una reacción violenta y burda, otras es más sutil y disfrazada. Típicamente, se comienzan a producir pensamientos de instrucciones, órdenes, palabras ásperas o comentarios sarcásticos sobre ti mismo. O te pones de mal humor y abiertamente enfadado contigo, con lo cual la percepción empieza a cerrarse, el cuerpo se tensa y la mente comienza a desintegrarse. En una versión extrema notarás que se acelera la producción de pensamientos obsesivos, surgen múltiples emociones aflictivas y la meditación se va convirtiendo en un pequeño infierno privado del cual te sientes culpable.

Esta situación te revela una confusión que conviene examinar.

Cuando reaccionas con enfado o ira hacia lo que percibes en cualquiera de los seis campos sensoriales, quizá te parezca que estás tratando de deshacerte de algún elemento aparentemente externo. Esto es notorio en el caso de los pensamientos. No los quieres porque su contenido te atormenta o los relacionas con la ansiedad y la angustia y con otras emociones aflictivas que no deseas experimentar. No obstante, lo que estás rechazando realmente son sensaciones e impresiones sensoriales originadas por la misma mente, estás luchando contra lo que tu misma mente produce. La lucha que emprendes contra los elementos de la realidad imaginada (ya sean recuerdos, planes o definiciones de situaciones, cosas, personas o tu sentido de ser) es un conflicto entre núcleos de significado polarizados, creados por la mente, alimentados por emociones y que has tomado como algo personal.

La amabilidad te ayuda a establecer un entorno inclusivo, impregnado de sabiduría y compasión, que disuelve la perspectiva polarizada, liberando así la energía emocional, aliviando la aflicción y revelándote que nada es personal. Dicho brevemente, amar las partes en conflicto disuelve el conflicto interior, pues es justamente la ausencia de amor lo que separa y define como inaceptable una "parte" de ti o de tu experiencia.

Amabilidad como precursora de los cuatro primeros principios

La amabilidad es una actitud positiva que le infunde vida a los otros cuatro principios. Cuando hay una disposición amable y apreciativa, encuentras fácil y natural la receptividad. En este entorno amable y receptivo se abren naturalmente los sentidos y uno percibe con claridad lo que surge en la conciencia. Al mismo tiempo, la apertura de corazón propicia la calma, y con ella la integración orgánica de tu atención. Finalmente, tener el corazón abierto hacia todo y hacia ti mismo, te permitirá reconocer el ahora como constante actualización, y dejar ir con facilidad al meditador.

Amor como aprecio

Cuando habitas este espacio amable y paciente hacia ti mismo y hacia otras personas, florece un aspecto a veces inesperado que es un verdadero regalo del corazón: el aprecio profundo de todo lo que experimentas, tal como es. Aprecio tanto en el sentido de valoración y reconocimiento, como en el de experiencia estética viva. Este es el estado mental que celebra la naturaleza única e irrepetible de todo lo que experimentas, sea con relación a un objeto, una situación, una idea o una persona, o con la vida misma. Al contemplar con aprecio el fluir de las impresiones de los seis campos sensoriales, la meditación se vuelve como un poema o una sinfonía impredecible e irrepetible que te devuelve la mirada gozosa de un niño maravillado ante el despliegue mágico de la vida.

Indagar en la experiencia

Para infundirle vida al principio de amor incondicional, puedes dotar a la mente-corazón de una pregunta abierta y sin palabras: «¿Estoy siendo paciente?», «¿Estoy siendo amable?». Estas preguntas no tienen nada que ver con juzgarte o sentirte culpable cuando te descubres impaciente o enfadado. Estas preguntas instigan una actitud amorosa que te puede revelar cuándo la paciencia o la amabilidad se han perdido.

Esta actitud te permitirá llevar lucidez amable al continuo de cuerpo, emociones y mente, estableciendo un entorno apreciativo que disuelve cualquier reacción de impaciencia y aversión. A menudo, el efecto es como de un bálsamo sanador que abre el corazón e integra la mente; no es inusual sentir que el cuerpo se relaja y se abre. Al unificarse tu energía puedes experimentar un efecto ligeramente vigorizante o vibrante, que es al mismo tiempo gozoso y sereno.

Familiaridad con la práctica

Cuando la meditación es algo nuevo para ti, no es raro que al terminar una sesión de práctica te sientas fatigado, frustrado o irritado. Lo cual es a menudo suficiente evidencia de que estuviste luchando; quizá hubo poca paciencia y amabilidad durante la práctica y te has juzgado severamente por no ser perfecto en la meditación, o estás molesto porque la meditación no resultó como te habría gustado.

El trabajo en estas etapas consistirá en tener paciencia e incluso humor durante la práctica, sin tomarte en serio ni convertirla en una competencia por rebasar tus expectativas. Con más experiencia, descubrirás que ser paciente vuelve la meditación emocionalmente más ligera y hasta divertida. Notarás que una sesión de meditación puede ser muy gozosa y que al terminar te encuentras energizado y calmado al mismo tiempo, con el corazón amable y abierto.

Cuando la práctica madura en ti, comienzas a sentir aprecio por todo lo que experimentas. Al terminar una sesión, muy probablemente sientas gratitud por la vida, por tener este cuerpo, esta mente y este corazón emocional, incluso por tener acceso a estos estados de conciencia.

Acción Sutil	Indagar en la experiencia
• Mantenerte amable y paciente	• ¿Hay amabilidad en mi corazón? • ¿Hay paciencia en mi corazón?

Tabla 6. Principio de amor incondicional

PARTE II: LAS PRÁCTICAS

8. INTRODUCCIÓN

En esta segunda parte del libro encontrarás las instrucciones para ponerte a meditar. Cada una de las diferentes prácticas que se describen a continuación trabajan con los cinco principios en un orden distinto y con diferentes énfasis; no obstante, todas ellas son versiones de la meditación de conciencia plena o mindfulness. Para realizar estas prácticas se requiere una buena comprensión de la postura de meditación y el entorno meditativo apropiados, que se describen en los apartados "La postura" y "Meditar en casa".

Antes de entrar propiamente en las instrucciones de cada práctica, veamos otros componentes de la meditación que no han sido mencionados y forman parte integral de una sesión de meditación equilibrada y efectiva.

Solo sentado

Una sesión de meditación comienza invariablemente con un período de cinco minutos o más que denominamos "solo sentado" y cuya única instrucción es: «No hay nada que hacer, solo siente tu postura y tu presencia consciente». Durante este período, el énfasis está en solo ser, solo estar. "Solo sentado" es un espacio durante el cual te entregas a la quietud de manera espontánea sin tratar de controlar las cosas, simplemente te enteras de lo que está pasando cuando no interfieres con el flujo de estímulos y reacciones que surgen constantemente en el campo de percepción. Desde este estadio de "no hacer" o "solo ser" comenzarás a despertar los principios de la práctica, usualmente comenzando con el principio de receptividad.

Período de asimilación

Cada meditación termina con un "período de asimilación" cuya instrucción principal es también «No hay nada que hacer, solo siente tu presencia consciente». Durante estos minutos puedes salir de la postura, ponerte cómodo y simplemente descansar en la experiencia de calma, claridad y apertura que ha surgido de la meditación. Aunque se sugieren cinco minutos, uno puede extenderlo si desea. Este período de transición te ayudará a integrar más fácilmente a la vida cotidiana el estado de conciencia que has despertado en la meditación.

Agradecimiento final

Una sesión puede enriquecerse con un gesto final de gratitud hacia ti mismo y hacia la práctica. Su efecto será el de fortalecer tu convicción y confianza hacia este noble trabajo. Uno lo puede hacer de la manera que guste; la forma tradicional consiste en hacer una ligera reverencia con las dos manos juntas en una actitud de aprecio y gratitud hacia tres dimensiones: 1) el estado de claridad, apertura y sensibilidad que hayas contactado a cualquier nivel; 2) la práctica que acabas de hacer, y 3) a los seres humanos que la han hecho posible; es decir, los maestros y sabios que descubrieron el camino, las personas que te ayudaron a conocerlo y a todas las personas que constantemente dedican su tiempo, su energía y su inteligencia para darle vida, entre ellos, tú mismo.

Duración

Las meditaciones se indican en sesiones de treinta y cinco a cuarenta minutos. Siempre es posible hacerlas más largas y extender cualquier parte de la meditación. También es posible hacerlas más cortas si no te queda otra opción. Es mejor determinar la duración de la sesión desde un inicio y, a menos que haya una verdadera emergencia, no levantarte antes de tiempo. Durante una sesión puede surgir confusión, irritación, preocupación, ansiedad, resistencia y otras emociones intensas ante las cuales será muy tentador interrumpir la meditación. Lo mejor es trabajar con ellas, incluirlas en la práctica; a menudo, el simple hecho de no huir de ellas introduce una condición distinta que propicia su transformación.

Los principios son un conjunto armonioso

A menos que se indique lo contrario, cada paso de la meditación se va integrando al anterior, pues como hemos enfatizado a través del libro, no son secuencias lineales o etapas, sino principios interdependientes. Con más experiencia, desde un inicio tu práctica integrará los cinco principios de manera orgánica.

En las instrucciones se da una línea de tiempo que indica el momento y el orden en que se sugiere que actives o enfatices ligeramente una acción sutil o un principio. Esta sugerencia consiste en revisar si esa acción sutil está activa; no obstante, uno puede cambiar este orden, lo importante es mantener activos los principios.

Cuándo y cómo indagar en la experiencia

Indagar en la experiencia es mantenerte curioso y sensible hacia lo que hay en tu experiencia momento a momento. Las preguntas de indagación tienen como propósito promover esta curiosidad al mismo tiempo que te abstienes de etiquetar o juzgar lo que ocurre.

Conviene comenzar a aplicar las preguntas de indagación que se sugieren en cada meditación solo después de haber adquirido cierta experiencia con la práctica. Probablemente sea mejor no utilizarlas durante las primeras semanas. Esto se debe a que, si no te has familiarizado con los principios básicos y con la mente silenciosa que se encuentra en la base de la práctica, es muy tentador utilizar las preguntas de indagación para tratar de eliminar o manipular algún aspecto de la experiencia meditativa y terminar introduciendo más pensamientos obsesivos o provocando ansiedad y frustración.

Las preguntas se utilizan muy esporádicamente, dos o tres por meditación, teniendo en cuenta siempre que lo importante no es decirlas y mucho menos encontrarles respuesta conceptual, sino usarlas como aclaradores que instigan curiosidad en la meditación. Si por tu temperamento formular la pregunta te lleva inevitablemente a un análisis conceptual, entonces es mejor no hacerla y simplemente sensibilizarte con lo que cada pregunta intenta apuntar.

Amabilidad y paciencia

En las instrucciones que siguen a continuación no se indica especialmente en qué momento darle vida a las acciones sutiles de paciencia y amabilidad que revelan el principio de amor incondicional. La razón es sencilla: hay que aplicarlas siempre, de principio a fin. Durante un tiempo te parecerá que amabilidad y paciencia son actitudes que tienes que desarrollar deliberadamente, pues, como hemos visto, la tendencia del condicionamiento humano es a enfadarse o perder la paciencia cuando lo que está pasando no corresponde a sus expectativas. Después de algún tiempo notarás que amabilidad y paciencia surgen más naturalmente como fruto de la colaboración de los diferentes factores de la meditación, habrás descubierto el principio de amor incondicional.

Los ojos

Cada práctica descrita incluye una indicación con respecto a los ojos. En algunos casos sugiero abrirlos durante los últimos minutos de la meditación, en otros mantenerlos cerrados todo el tiempo y en un par de casos mantenerlos abiertos todo el tiempo. Hay buenas razones detrás de estas sugerencias; no obstante, nada está escrito en piedra, y esto lo puedes modificar según lo consideres apropiado para una mayor efectividad. Hay una indicación que se aplica casi siempre a cualquier meditación: si hay somnolencia o sopor, quizá sea mejor mantener los ojos abiertos o entreabiertos durante la mayor parte de la sesión.

¿Qué práctica hacer?

Las diez prácticas cuyas instrucciones específicas se presentan más adelante son distintas versiones de una misma meditación; difieren entre ellas porque en cada una se da un mayor énfasis a un sentido o principio distinto. Las prácticas 1 y 2, tituladas "Conciencia plena básica" y "Conciencia plena básica en detalle", respectivamente, conjuntan los cinco principios y los seis sentidos. Estas meditaciones podrían ser las que más hagas, y bien pueden ser tu única práctica, sobre todo si ya tienes mucha experiencia. Pero si apenas estás empezando en esta disciplina y eres como la mayoría de las personas, probablemente te convenga más comenzar con otras versiones más accesibles de la práctica.

Las prácticas con atención a la respiración se encuentran entre las más favorecidas en la tradición budista y en general son muy accesibles. La práctica 3 es una versión sencilla y compacta de la meditación de conciencia plena con atención a la respiración. Las prácticas 4-7 combinan la atención a la respiración con la atención a otros aspectos de tu experiencia. También son bastante accesibles.

La meditación de atención consciente a los sonidos y el silencio (4) te brinda un sentido de espaciosidad lúcida, por lo cual es excelente para reconectarte con el entorno y salirte de la tendencia a ensimismarte o aislarte, como cuando estás triste o deprimido. Además, el aprender a escuchar globalmente sin escoger sonidos ni ponerles nombre te prepara para trabajar efectivamente con los patrones mentales de la misma manera, sin enfrascarte en su contenido.

Las prácticas que enfatizan la conciencia plena de las sensaciones del cuerpo (5 y 6), ya sea en todo el cuerpo simultáneamente o mediante el recorrido estructurado, son excelentes antídotos contra el estrés y la tensión producida por los patrones psicofísicos; por consiguiente, conllevan un alto beneficio para tu bienestar general.

La conciencia plena de las emociones es una de las versiones más importantes de la meditación de conciencia plena (7). En su inicio parece simplemente una variante más profunda de las prácticas de conciencia plena del cuerpo. A medida que madure en ti, descubrirás que es una verdadera puerta a la transformación de las emociones aflictivas y el despertar de la creatividad. Es una excelente práctica para todos en todo momento.

La práctica de conciencia de los pensamientos como energía (8) es una meditación que en general funciona mejor cuando ya tienes bastante conciencia del cuerpo y las emociones. Su énfasis está en aprender a *ver* los pensamientos desde el instante en que surgen y relacionarte con ellos como energías con cierta calidad que se siente. Esta práctica es imprescindible para todo meditador, pues te da el conocimiento que te permite soltar los patrones de pensamiento sin reprimirlos. Después de hacer esta práctica durante algún tiempo te resultará mucho más fácil realizar cualquier otra meditación.

La práctica de conciencia del ahora (9) es más sencilla, pero no necesariamente fácil; en general, funciona mejor en retiros, en sesiones dirigidas o cuando ya se tiene cierta experiencia meditativa, de manera que los distintos principios de la meditación se mantienen activos casi espontáneamente. No obstante, si estás iniciándote en la meditación, te sugiero que intentes abordarlas de vez en cuando y descubrir si te funcionan. Pero si la mente se pasa todo el rato enfrascada en remolinos de pensamiento, quizá sea mejor trabajar un tiempo con prácticas que enfocan en un área específica o con la meditación de conciencia plena básica.

La meditación caminando (10) es apropiada en todo momento y es un verdadero reto para la mente, pues al caminar tiende a incrementarse la tendencia a engancharte con el diálogo interno. No obstante, una vez que vas adquiriendo experiencia en esta práctica, descubrirás que es un remedio excelente para el estrés y la prisa, así como para desactivar el hábito de moverte sin prestar atención a lo que haces con el cuerpo. También la puedes intercalar entre dos meditaciones sentado, en cuyo caso cumple la función adicional de permitirte estirar el cuerpo y descansar de estar sentado sin perder continuidad de práctica durante un bloque de práctica más largo.

Estas diez versiones pueden ser modificadas de muchas maneras, cambiando el énfasis en uno u otro principio, los tiempos, las combinaciones de campos sensoriales, etc. A medida que tu práctica madure y te vayas conociendo mejor, irá despertando tu capacidad de orientarte a ti mismo en la práctica, y te ayudará a crear la práctica que mejor te funcione según las condiciones internas y externas.

¿Cómo construir una práctica?

Seguir un programa específico de entrenamiento en conciencia plena en bloques de cinco semanas puede ser muy útil para ir construyendo una práctica de manera sistemática. Mi recomendación es abordar primero la meditación con atención consciente a la respiración. Posteriormente, practicar con énfasis en el cuerpo explorando las variantes. Después, con énfasis en el cuerpo emocional, alternando con la práctica de meditar con sonidos y silencios, y finalmente con énfasis en la conciencia del ahora, alternando con la meditación de conciencia de los pensamientos como energía. Esto da un ciclo de veinte semanas de entrenamiento a través del cual se integran los diferentes campos sensoriales. Después de este ciclo uno puede continuar meditando con la práctica de conciencia plena básica, alternando con conciencia del ahora, y recurriendo a las otras versiones de la práctica según sea necesario. La familiaridad que hayas adquirido con las demás prácticas te permitirá saber para qué te sirven y cuándo aplicarlas. En cualquier momento puedes sustituir alguna sesión sentado por la práctica de meditación caminando.

PROGRAMA DE MEDITACIÓN 20 SEMANAS

Semanas	Versión de conciencia plena	Práctica número
1-5	Con atención a la respiración	3
6-10	Meditar en el cuerpo	Alternando 5 y 6
11-15	Conciencia de las emociones, alternando con sonidos y silencio	7, alternando con 4
16-20	Conciencia del ahora, alternando con conciencia de los pensamientos como energía	9, alternando con 8
Después	Conciencia plena básica, alternando con conciencia del ahora	1 y 2, alternando con 9

Tabla 7. Programa de meditación (20 semanas)

Conciencia plena básica

Esta puede considerarse la práctica principal de conciencia plena para un meditador experimentado. Practicar a partir de estas sencillas instrucciones asume una comprensión y una familiaridad con cada principio y sus acciones sutiles, así como una buena sensibilidad en cada uno de los seis campos sensoriales, incluyendo el cuerpo emocional. Los ojos pueden mantenerse abiertos, cerrados o semiabiertos, según sea necesario y según la experiencia del meditador. Puedes ajustar los tiempos según lo sientas necesario.

Línea de tiempo (min)	**Principio/acción sutil**
1	**Solo sentado.** No hay nada que hacer. Siente tu postura y tu asiento. Siente tu presencia consciente en el ahora. Después de unos cinco minutos comienza a despertar suavemente cada uno de los cinco principios.
5	**Receptividad.** Inicia una actitud de dejar ser, dejar ir y mantenerte conectado con tu experiencia inmediata. No hay nada que rechazar, nada que retener y nada que perseguir.
15	**Claridad.** Abre las puertas de los cinco sentidos físicos (incluyendo el cuerpo emocional) y del sentido de la mente.
20	**Calma.** Permite que tu atención se integre con todo lo que percibes en un campo unificado de conciencia.

25 **Conciencia del ahora.** Reconoce el ahora en tu experiencia sensorial en constante actualización. Ábrete a un sentido de totalidad. Siente tu presencia consciente.

1-35 **Amor incondicional.** Durante toda la sesión cultiva paciencia y amabilidad. Permite que se abra tu corazón a tu experiencia inmediata y a tu presencia consciente.

35-40 **Período de asimilación.** Si deseas, agradécete este trabajo con un saludo. Relaja la postura y ponte cómodo. No hay nada que hacer, mantén la mente desocupada.

Indagar en la experiencia: ¿hay algo que esté apretando?, ¿hay algo que no esté dispuesto a soltar?, ¿dónde se disuelve un pensamiento?, ¿qué es esto?

Durante la sesión:

- Cultiva una curiosidad constante hacia tu experiencia de momento a momento.
- Cobra conciencia de la naturaleza cambiante de lo que percibes y sientes.
- Permite que se mezclen los seis campos sensoriales en un campo unificado de conciencia.
- Deja ir los argumentos.
- Deja ir al meditador.

Conciencia plena básica en detalle

Esta es exactamente la misma práctica anterior, pero con instrucciones más detalladas. Sugiero comenzar con los ojos abiertos, después cerrarlos y entreabrirlos durante los últimos cinco minutos. Con más experiencia se puede hacer con los ojos entreabiertos la mayor parte del tiempo.

Línea de tiempo (min)	**Principio/acción sutil**
1	**Solo sentado.** No hay nada que hacer. Siente tu postura y tu asiento. Siente tu presencia consciente en el ahora.
5	**Receptividad.** Inicia una actitud de dejar ser, dejar ir y mantenerte conectado con tu experiencia inmediata. No hay nada que rechazar, nada que retener y nada que perseguir.
10	**Claridad.** Abre cuatro sentidos, integrándolos en el siguiente orden: • *Sentido del oído*. Escucha globalmente: sonidos cercanos y lejanos, intensos o sutiles; el silencio que acompaña a los sonidos. • *Sentidos del olfato y el gusto*. Toma conciencia de los olores que llegan a ti, permite que se integren a los sonidos. Integra el sentido del gusto. • *Sentido del cuerpo*. Siente tu respiración en todo el cuerpo. Toma conciencia de las sensaciones de temperatura, tensión, movimiento y contacto. Siente tu cuerpo globalmente y en profundidad. Permite que se calmen las tensiones físicas.

- *El cuerpo emocional*. Siente los impulsos, la expresión emocional y la calidad energética-emocional. Permite que fluya la energía y se relaje el cuerpo emocional.

20 **Abrir el sentido de la mente.** Toma conciencia del espacio en que surgen y se disuelven los pensamientos. Cuando surjan pensamientos, siente su calidad energética y permite que se disuelva su argumento. Siente cómo se disipa la tensión mental-emocional.

25 **Conciencia del ahora.** Reconoce el ahora en tu experiencia sensorial en constante actualización. Ábrete a un sentido de totalidad. Siente tu presencia en la conciencia del ahora.

30 **Sentido de la vista.** Continúa la meditación con los ojos abiertos, consciente del campo visual periférico, sin fijar la vista en nada. Siente el espacio y la luz del campo visual.

35-40 **Período de asimilación.** Si lo deseas, agradécete este trabajo con un saludo. Relaja la postura y ponte cómodo. No hay nada que hacer, mantén la mente desocupada

Indagar en la experiencia: ¿hay algo que esté apretando?, ¿hay algo que no esté dispuesto a soltar?, ¿dónde se disuelve un pensamiento?, ¿qué es esto?

Durante la sesión:
- Cobra conciencia de la naturaleza cambiante de lo que percibes y sientes.
- Permite que se mezclen los seis campos sensoriales en un campo unificado de conciencia.

Conciencia plena con atención en la respiración

Esta práctica es muy accesible, se basa en sentir el proceso de respirar como un elemento constante. Durante la práctica mantente consciente de las sensaciones de contacto, temperatura, movimiento y expansión-contracción en tu cuerpo, que surgen al inhalar y exhalar. Gradualmente integra cada uno de tres campos sensoriales a la respiración, permitiendo que se mezclen. Sugiero hacer esta práctica con los ojos cerrados; cuando tengas más experiencia, puedes hacerla con los ojos suavemente abiertos.

Línea de tiempo (min)	**Principio/acción sutil**
1	**Solo sentado.** No hay nada que hacer. Siente tu postura y tu asiento. Siente tu presencia consciente en el ahora.
	Receptividad. Inicia una actitud de dejar ser, dejar ir y mantenerte conectado con tu experiencia inmediata. No hay nada que rechazar, nada que retener y nada que perseguir.
5	**Atención a la respiración:** Cobra conciencia de tu respiración tal como es, sin tratar de controlarla. Siente íntima y conscientemente las sensaciones de contacto, temperatura, movimiento y expansión-relajamiento que surgen al inhalar y al exhalar en todo tu cuerpo.

10 **Integra el sentido del oído.** Abre el sentido del oído. Deja que tu respiración se mezcle con sonidos y silencio.

15 **Integra el sentido del cuerpo.** Siente tu cuerpo globalmente y en profundidad. Permite que tu respiración se mezcle con las demás sensaciones del cuerpo y con los sonidos y el silencio. Deja que se calme el cuerpo físico y se relaje el cuerpo emocional.

20 **Integra el sentido de la mente.** Toma conciencia del espacio en que surgen y se disuelven los pensamientos. Permite que se mezclen con la inhalación, con las sensaciones del cuerpo y con los sonidos y el silencio. Cuando surjan pensamientos, siente su calidad energética y deja que se disuelva su argumento durante una exhalación. Siente cómo se relaja la tensión mental-emocional.

35 **Período de asimilación.** Si lo deseas, agradécete este trabajo con un saludo. Relaja la postura y ponte cómodo. No hay nada que hacer, mantén la mente desocupada.

Indagar en la experiencia: ¿hay algo que esté apretando?, ¿hay algo que no esté dispuesto a soltar?, ¿dónde estoy?

Durante la sesión:

- Toma conciencia de la naturaleza cambiante de lo que percibes y sientes.
- Permite que se integre la percepción de los sentidos en un campo unificado de conciencia.
- Reconoce el ahora en tu experiencia inmediata.

Meditar con sonidos y silencio

Esta es una meditación particularmente espaciosa cuyo énfasis está en escuchar globalmente e integrar el campo auditivo con una ligera atención a la respiración. La práctica funciona particularmente bien cuando la textura auditiva es rica, pero sin ruidos intensos o ritmos mecánicos dominantes.

Además de los beneficios que ya hemos visto, cuando esta meditación se realiza en un entorno urbano te ayuda a relajar las reacciones exageradas a los ruidos. En exteriores, te lleva a una experiencia de integración con la naturaleza.

Dos puntos son muy importantes durante toda la sesión: 1) siempre has de mantener un oído global y abierto, sin escoger sonidos ni ir de uno a otro ni enfrascarte en alguno de ellos; 2) no debes etiquetar ni comentar mentalmente lo que escuchas. Algunas personas encontrarán que mantener los ojos cerrados puede ser más apropiado para esta meditación, para otras funcionará bien con los ojos semiabiertos. De cualquier manera, el sentido de la vista tenderá a perder presencia.

Línea de tiempo (min)	**Principio/acción sutil**
1	**Solo sentados.** No hay nada que hacer. Siente tu postura y tu asiento. Siente tu presencia consciente en el ahora. **Receptividad.** Inicia una actitud de dejar ser, dejar ir y mantenerte conectado con tu experiencia inmediata. No hay nada que rechazar, nada que retener y nada que perseguir.

5 **Abre el sentido del oído.** Escucha global y lúcidamente, sensibilizándote en el siguiente orden:

- *Sonidos cercanos:* incluyendo los sonidos de tu cuerpo, el zumbido de los oídos, el latido del corazón, el siseo de la respiración; el entorno inmediato.
- *Sonidos lejanos*: yendo cada vez más lejos, incluyendo el viento y el murmullo lejano de la ciudad o del campo.
- *Sonidos fuertes*: los que percibes a más volumen.
- *Sonidos sutiles*: los que percibes a menor volumen.
- *El silencio* que envuelve e impregna a los sonidos.

15 **Integra la respiración.** Mientras escuchas sonidos y silencio, cobra conciencia de las sensaciones de la respiración (contacto, temperatura, movimiento, tensión). Permite que las sensaciones de la respiración se mezclen con los sonidos y el silencio.

35 **Período de asimilación.** Si lo deseas, agradécete este trabajo con un saludo. Relaja la postura y ponte cómodo. No hay nada que hacer, mantén la mente desocupada.

Indagar en la experiencia (opcional): ¿qué es esto?, ¿de qué está hecho esto?

Durante la sesión:

- Permite que los pensamientos se disuelvan, como si fueran sonidos que pasan y se desvanecen en el silencio.
- Reconoce el ahora en la actualización constante de la textura sonora.

Meditar en el cuerpo

Esta meditación te permite abrir el canal de percepción del sentido del cuerpo. Es una excelente medicina para la tensión emocional rezagada (el estrés). La práctica consiste en establecer conciencia plena profunda de las sensaciones que surgen en el cuerpo físico-emocional momento a momento, permitiendo que se mezclen con las sensaciones de la respiración de expansión y energización, relajamiento y apertura. Sugiero mantener los ojos cerrados.

Línea de tiempo (min)	**Principio/acción sutil**
1	**Solo sentado.** No hay nada que hacer. Siente tu postura y tu asiento. Siente tu presencia consciente en el ahora. **Receptividad.** Inicia una actitud de dejar ser, dejar ir y mantenerte conectado con tu experiencia inmediata. No hay nada que rechazar, nada que retener y nada que perseguir.
5	**Atención a la respiración.** Toma conciencia de las sensaciones de la respiración (contacto, temperatura, movimiento, tensión) de manera relajada. Después de unos minutos comienza a integrar la respiración con las sensaciones del cuerpo físico y emocional.
10	**Abrir el sentido del cuerpo:** • Siente tu cuerpo globalmente y con profundidad. Nota sobre todo las sensaciones de temperatura, tensión, movi-

miento y contacto. Siente cómo se mezclan con la respiración.
• Incluye el cuerpo emocional: impulsos, gestos, calidad energética.
• Mantén una actitud amable y paciente hacia tu cuerpo y las sensaciones que surjan, sean estas agradables o desagradables.
• Siente cómo todas las sensaciones están en constante transformación.
• *Opcional*: hacia el final de la sesión toma conciencia de la sensación de lucidez espaciosa que surge del cuerpo.

Durante toda la sesión. Percibe cómo cada parte del cuerpo con la que contactas se expande y se energiza al inhalar y se relaja al exhalar, dejando una sensación de apertura interior.

30 **Período de asimilación.** Relaja la postura y ponte cómodo. No hay nada que hacer, mantén la mente desocupada y no salgas deprisa.

Indagar en la experiencia: ¿qué es esto?, ¿de qué está hecho esto?, ¿hay algo que esté apretando?

Durante la sesión:

- Si surgen tensiones fuertes y estás seguro de que tu postura es correcta, experiméntalas amablemente. Siente las capas internas de la sensación y permite que se abran y se relajen de forma espontánea al contacto con tu conciencia. Si es necesario, ajusta tu postura suavemente con el mínimo movimiento necesario.
- Cuando surjan pensamientos, deja ir su argumento, siente su calidad energética y permite que se disuelvan.

Meditación de recorrido del cuerpo

Se trata de una variante de la práctica anterior que te permite profundizar de una manera notable en las sensaciones de temperatura, tensión, movimiento y contacto en cada parte del cuerpo. La práctica consiste en establecer conciencia plena profunda de las sensaciones que surgen en el cuerpo físico-emocional momento a momento, permitiendo que se mezclen con las sensaciones de la respiración de expansión y energización, relajamiento y apertura.

El recorrido del cuerpo comienza con la atención consciente en los pies, sube por las piernas, el torso y llega hasta los hombros; luego se retoma desde las manos, subiendo por los brazos hasta llegar a la coronilla. (Al final de las instrucciones de esta práctica encontrarás algunas variantes).

Se puede hacer en postura de meditación sentados, o acostados en postura Alexander (véase el capítulo "La postura", pág. 161). Conforme te vayas familiarizando con la práctica, comenzarás a notar con claridad cómo la atención plena tiene un efecto relajante y aclarador en los órganos, tejidos y células.

Línea de tiempo (min)	**Principio/acción sutil**
1	**Solo sentado o solo acostado.** No hay nada que hacer. Siente tu postura y tu asiento, o el contacto con el suelo. Siente tu presencia consciente en el ahora.
	Receptividad. Inicia una actitud de dejar ser, dejar ir y mantenerte conectado con tu experiencia inmediata. No hay nada que rechazar, nada que retener y nada que perseguir.

Integrar la atención. Posa tu atención en las sensaciones de la respiración (contacto, temperatura, movimiento, tensión), de manera relajada y atenta. Permite que se estabilice la atención y se calme la mente.

10 **Recorrido del cuerpo por zonas.** (Véase la descripción a continuación.)

30 **Suspende el recorrido del cuerpo.** Continúa sintiendo el cuerpo en su totalidad, toma conciencia del sentido de presencia que surge del cuerpo.

35 **Período de asimilación.** Relaja la postura y ponte cómodo. No hay nada que hacer, mantén la mente desocupada y no salgas deprisa.

Indagar en la experiencia: ¿hay algo que esté apretando?, ¿hay algo que no esté dispuesto a soltar?, ¿qué es esto?

Durante la sesión:

- Si te olvidas del recorrido, retoma desde donde te quedaste y continúa.
- Abstente de nombrar las sensaciones, relaciónate con ellas como procesos abiertos.
- Siente los órganos y tejidos directamente a través de las sensaciones, no de la idea que tienes de ellos.

Notas:

Zonas del recorrido. En cada zona con la que contactes permite que la claridad sensible de la conciencia despierte en los tejidos y las células revelándote las sensaciones sutiles.

A continuación se describen ocho zonas del cuerpo, con cierto detalle de los tejidos u órganos que lo integran, para darte una idea de lo completa que es cada zona. No obstante, durante la meditación es mejor guiarse por la sensibilidad y la atención consciente en cada zona, sin narrar el recorrido ni usar conceptos ni imágenes.

Zona 1: pies

- Dedos, plantas, empeine, tobillos.

Zona 2: piernas bajas

- Pantorrillas y espinillas.
- Rodillas por dentro, por delante, por detrás y por los lados.

Zona 3: piernas altas

- Muslos e ingles.

Zona 4: caja pélvica

- Zona del aparato reproductor, incluyendo genitales, órganos externos e internos y suelo pélvico.
- Vientre: intestinos delgado y grueso.
- Huesos, tendones y músculos de la pelvis.

Zona 5: franja abdominal

- Vértebras lumbares.
- Intestinos, hígado, páncreas, riñones, estómago.

Zona 6: caja torácica

- Columna vertebral y costillas.
- Pulmones y corazón.
- Pecho y espalda.
- Hombros.

Zona 7: manos y brazos

- Dedos, manos, codos, antebrazos, parte superior de los brazos, hombros.

Zona 8: cabeza

- Base del cuello; cuello y garganta
- Mandíbula, lengua, boca, mejillas, nariz, ojos, párpados, cejas, ceño, frente.
- Cerebro: anterior, posterior, lateral y su núcleo central.
- Cuero cabelludo y coronilla.

Zonas "especiales". Seguramente encontrarás que algunas zonas del cuerpo son más sensibles que otras o parecen tener más sensaciones. Esto es natural, en cada práctica notarás que sientes áreas del cuerpo o tienes sensaciones que antes no percibías y quizá otras parezcan estar menos sensibles. En particular notarás las zonas donde hay dolores o tensiones más prominentes; abstente de luchar contra ellas o de tratar de eliminarlas. Procura experimentarlas tal como son –procesos complejos, cambiantes y abiertos–, sin introducir reacciones de tensión adicionales de tu parte; permite que se integren a las zonas adyacentes y a la totalidad del cuerpo. Esto puede incluir:

- Órganos o tejidos donde ha habido lesiones por enfermedad o trauma físico (golpes, cortaduras, cirugías, etc.).
- Órganos o tejidos hacia los cuales sientes aversión o has preferido no sentir ni experimentar.
- Miembros, órganos o tejidos que usas mucho por trabajo, etc.
- Órganos o tejidos donde se acumula más la tensión.

Variantes:
De velocidad: la velocidad del recorrido es variable según tu estado mental y emocional; se sugieren las siguientes tres opciones:

- *Rápido*. Si estás muy distraído y tu atención es inestable, es mejor hacer el recorrido de forma más o menos rápida; tal vez puedes dedicar entre cuarenta segundos y un minuto a cada recorrido. Haz una sesión de meditación más corta (de unos quince minutos más o menos)

- *Lento*. Si tu atención es bastante estable, haz recorridos lentos y profundos; dedica hasta unos cinco minutos por recorrido o más. Haz una sesión de meditación larga (treinta minutos, aproximadamente).

- *Gradual*. Comienza con recorridos de unos treinta segundos. En cada pase disminuye la velocidad y profundiza en tu sensibilidad. Haz una sesión de meditación larga (treinta minutos, aproximadamente).

De dirección. La meditación está descrita como un recorrido de los pies a la cabeza. De esa manera pasas de las zonas menos sensibles a las más sensibles, lo cual te deja un sentido de lucidez despierta. Alternativamente, lo puedes hacer en dirección contraria, de la cabeza a los pies. En esta modalidad pasarás de las zonas más sensibles a las menos sensibles, lo cual te lleva a una mayor introspección, aunque es probable que surja más tendencia a la somnolencia.

Sin atención específica en la respiración. Otra variante es hacer el recorrido del cuerpo, pero sin mantener una atención constante en la respiración. El énfasis está solamente en sentir las sensaciones del cuerpo y dejar ir los impulsos de tensión y contracción.

Menos recorrido del cuerpo. En esta versión sigues todas las instrucciones normales del recorrido, pero varías los tiempos. La parte del recorrido la haces en menos tiempo, entre cinco y diez minutos, y el resto del tiempo te mantienes en conciencia plena del cuerpo en su totalidad. Siente la presencia que surge del cuerpo.

Conciencia de las emociones

Esta práctica puede ser muy efectiva cuando estás pasando por momentos emocionalmente intensos. Requiere cierta experiencia en conciencia plena del cuerpo y sus sensaciones, pero sobre todo se fundamenta en la disposición a soltar los argumentos que alimentan las emociones aflictivas. El énfasis está en percibir las emociones en los impulsos, la gesticulación y la calidad energética con receptividad amable tal como se te presentan. Una parte muy importante de esta versión es dejar ir los argumentos y sentir cómo se libera la tensión emocional asociada a ellos.

Línea de tiempo (min)	**Principio/acción sutil**
1	**Solo sentado.** No hay nada que hacer. Siente tu postura y tu asiento. Siente tu presencia consciente en el ahora. **Receptividad.** Inicia una actitud de dejar ser, dejar ir y mantenerte conectado con tu experiencia inmediata. No hay nada que rechazar, nada que retener y nada que perseguir.
5	**Integra la atención.** Posa tu atención en las sensaciones de la respiración (contacto, temperatura, movimiento, tensión) de manera relajada.
10	**Abrir el sentido del cuerpo.** Siente tu cuerpo globalmente y en profundidad. Nota sobre todo las sensaciones de temperatura, tensión, movimiento y contacto, percibiendo

cómo se mezclan con tu respiración. Mantente amable y paciente con todo lo que surja.

15 **Contacta con los impulsos emocionales.** Toma conciencia de:
• La gesticulación sutil en el cuerpo, en particular en el rostro, ojos, mandíbula, pecho, abdomen, vientre y manos.
• La calidad de la energía de los impulsos: ligera, pesada, rápida, lenta.
• La energía que alimenta los impulsos de cerrar, apretar, contraer y luchar.
• Cuando surjan pensamientos, siente su calidad energética y permite que se disuelva su argumento mientras se relaja la tensión mental-emocional.

35 **Período de asimilación.** Relaja la postura y ponte cómodo. No hay nada que hacer, mantén la mente desocupada. No salgas deprisa.

Indagar en la experiencia: ¿cómo estoy?, ¿hay algo que esté tensando o contrayendo?

Durante la práctica:

- Mantente amable y paciente con tu cuerpo, tus emociones y tu mente, tal como son, sin reprimirlas, sin alimentarlas.
- Variante: manteniendo un espíritu lúdico, por breves momentos exagera el gesto corporal y facial asociado a una emoción y luego relájalo.

Conciencia de los pensamientos como energía

Esta es una práctica muy efectiva para aprender a soltar el diálogo interno, sin reprimirlo ni dejarte seducir por sus argumentos, mientras sientes su calidad energética y permites que se disuelva en el espacio de la conciencia lúcida.

Puedes efectuar preguntas para indagar en la experiencia. Recuerda que su propósito es agudizar la mirada interior, no encontrar respuestas conceptuales. No tienes que usar todas todas las preguntas, tal vez una o dos de las que se sugieren, las que te funcionen mejor. Permite que la pregunta se convierta en una manera incisiva de ver internamente.

Línea de tiempo (min)	**Principio/acción sutil**
1	**Solo sentado.** No hay nada que hacer. Siente tu postura y tu asiento. Siente tu presencia consciente en el ahora. **Receptividad.** Inicia una actitud de dejar ser, dejar ir y mantenerte conectado con tu experiencia inmediata. No hay nada que rechazar, nada que retener y nada que perseguir.
5	**Integrar la atención.** Posa tu atención en las sensaciones de la respiración (contacto, temperatura, movimiento, tensión) de manera relajada.

10 **Abrir el sentido del cuerpo.** Siente tu cuerpo globalmente y en profundidad. Cobra conciencia especialmente de las sensaciones de temperatura, tensión, movimiento y contacto, y también de los "gestos" corporales asociados al tono emocional. Permite que se mezclen con la respiración.

15 **Abre el sentido de la mente.** Date cuenta del momento en que surge un pensamiento en el campo de conciencia, déjalo ser y déjalo ir.

Aplica alguna de las siguientes preguntas. Hazlo de una en una y de forma muy espaciada. Permite que la pregunta se convierta en una manera incisiva de *ver* internamente:

- ¿Qué pasa en el cuerpo físico-emocional cuando me enfrasco en un pensamiento?
- ¿Qué pasa en el cuerpo cuando suelto un pensamiento con el cual me había enfrascado?
- ¿En qué parte de la mente se disuelve un pensamiento?
- ¿De qué parte de la mente surge un pensamiento?

30 **Período de asimilación.** Relaja la postura y ponte cómodo. No hay nada que hacer, mantén la mente desocupada y no salgas deprisa.

Durante la práctica:
- Siente la calidad energética de los pensamientos al surgir y al disolverse.
- Cobra conciencia del espacio entre un pensamiento y otro.

Conciencia del aquí y ahora

Esta es una meditación muy sencilla y silenciosa y quizá por lo mismo no es necesariamente fácil. No es necesario enfatizar la atención que se pone en la respiración, pues el campo de percepción es abierto y global y el énfasis ha de ponerse en reconocer y habitar el momento presente. Sugiero mantener los ojos suavemente abiertos todo el tiempo y permitir que parpadeen libremente.

Línea de tiempo (min)	**Principio/acción sutil**
1	**Solo sentado.** No hay nada que hacer. Siente tu postura y tu asiento. Siente tu presencia consciente en el ahora.
	Receptividad. Inicia una actitud de dejar ser, dejar ir y mantenerte conectado con tu experiencia inmediata. No hay nada que rechazar, nada que retener y nada que perseguir.
10-35	**Reconoce el momento presente.** Toma conciencia de la experiencia de *ahora* que surge de todo lo que percibes y sientes. Reconoce el ahora en la actualización constante de tu experiencia.
	Ábrete a un sentido de espaciosidad. Cobra conciencia del espacio consciente en que ocurre la actualización de tu experiencia.
	Deja ir al meditador. Siente tu presencia consciente. Olvídate de ti.

35 **Período de asimilación.** Si deseas, agradécete este trabajo con un saludo. Relaja la postura y ponte cómodo. No hay nada que hacer, mantén la mente desocupada.

Nota: Si comienzas a inclinarte hacia el futuro o el pasado o a narrar lo que pasa, con amabilidad reconoce el momento presente en que están ocurriendo los pensamientos, percibe su calidad energética y permite que se disuelvan los argumentos.

Indagar en la experiencia: ¿dónde estoy?, ¿quién está meditando?

Durante la práctica:

- Date cuenta de cuándo tu sentido de ser se orienta hacia la realidad imaginada, y permite que se reoriente hacia el ahora.

Meditación caminando

Esta meditación es un excelente entrenamiento para mantenerte en el momento presente mientras caminas. La dinámica es la siguiente:

Escoge un tramo de unos 5-10 metros de largo. Ponte de pie al inicio del tramo durante un minuto. Establece receptividad. Abre los sentidos. Reconoce el ahora.

Comienza a caminar con pasos cortos, colocando un pie justo delante del otro. Sincroniza tus pasos con tu respiración, al inhalar comienza a levantar un pie, continúa levantándolo y desplazándolo hacia delante; al exhalar empieza a colocarlo delante y desplaza el cuerpo, y así sucesivamente.

Permite que tu respiración sea natural y tus pasos sigan los cambios naturales en la duración de la inhalación o la exhalación.

Mantén la vista unos dos metros delante de ti, parpadeando normalmente. Cuando llegues al final del tramo, detente unos segundos, gira lentamente, vuelve a detenerte y después continúa.

Línea de tiempo (min)	**Principio/acción sutil**
1	**Solo de pie.** No hay nada que hacer, solo siente tu presencia consciente y tu postura. Cobra conciencia del tramo exacto que vas a recorrer.
2-15	**Meditación caminando:** • **Receptividad.** No hay nada que rechazar, nada que retener, nada que perseguir.

- **Claridad.** Abre los sentidos, mantén una mirada periférica y una escucha global. Siente los cambios en tu cuerpo durante el caminar, particularmente en los pies.
- **Conciencia del ahora.** Reconoce el ahora en la actualización constante de tu experiencia.
- **Deja** que los pensamientos se disuelvan al no rechazarlos ni alimentarlos.

Nota: Durante el recorrido asegúrate de mantenerte sintiendo las sensaciones que surgen en el cuerpo al caminar, tales como:

- El movimiento de los pies al caminar.
- El contacto de tus pies con el suelo.
- El desplazamiento de tu cuerpo.
- La actividad muscular de las piernas.
- Durante todo el tiempo mantén conciencia de tu entorno como un trasfondo de amplitud.

Variantes

- Deja tu respiración natural, sin sincronizarla con el caminar.
- Camina más lento.
- Camina más rápido.
- Camina en círculos, en vez de hacerlo en línea recta
- Mantén tu atención abierta en el campo sensorial auditivo, de forma que sonidos y silencio se mezclen con las sensaciones del caminar.

9. LA POSTURA

La clave de una meditación efectiva puede ser una buena postura de meditación. Si te sientas de manera que el cuerpo esté relajado y alerta, relativamente libre de tensiones innecesarias y sin poner en riesgo las articulaciones, estarás colocando las bases para una práctica más amable. La meditación se puede hacer sentados, acostados o caminando; cada una tiene sus ventajas y funciona mejor con ciertas prácticas.

Meditación sentado

Meditar sentado es lo más común y quizá sea la postura que más te facilite la práctica. Vamos a explorar varias maneras de sentarse a meditar.

Sentado en una banco de meditación

El banco de meditación es una de las maneras más fáciles de establecer una buena postura de meditación, aunque en un inicio para las personas con pies poco flexibles puede resultar un poco incómodo para los empeines. Se pueden conseguir con relativa facilidad en los centros budistas o de meditación, e incluso en algunas librerías especializadas en textos de las disciplinas contemplativas y espirituales.

La inclinación del banquito va hacia el frente, de manera que puedas encontrar la altura apropiada para tu cuerpo. La curvatura de las vértebras lumbares tenderá a ser más pronunciada si te sientas hacia el borde frontal del banquito; y por el contrario, si te sientas más bien hacia el borde trasero, la espalda superior tenderá a encorvarse; ambos extremos han de evitarse. La postura ideal es con los isquiones* en contacto con el banquito, la espalda erguida, el pecho abierto, los hombros rotados hacia atrás y la cabeza centrada sobre los hombros. Puesto que cada cuerpo es diferente, es necesario experimentar un poco hasta encontrar lo que es apropiado para ti.

Si te duelen mucho los empeines desde el inicio, puedes colocar una manta delgada hecha un rodillo justo debajo del punto de articulación, entre la espinilla y el pie, de modo que tus empeines queden menos estirados. Recuerda que los empeines se van entrenando a estar en esta posición.

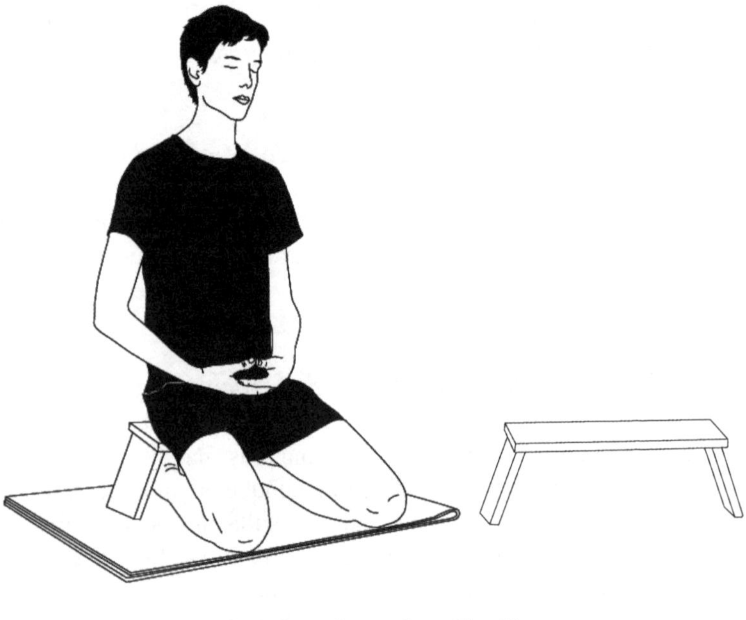

Sentado en banco de meditación

* Huesos de la base de la cadera, debajo de los glúteos.

El peso de tu cuerpo debe descansar sobre los isquiones en el banquito y las rodillas han de soportar solo el peso de parte de tus muslos, no del torso. Si la alineación de tu columna es correcta esto sucederá naturalmente. Para asegurarte, revisa que se cumplan los siguientes puntos: la cabeza centrada y las orejas alineadas con los hombros, los cuales, a su vez, deben estar alineados con las caderas, mientras que los isquiones permanecen en contacto con el asiento.

Postura en un zafu

El cojín de meditación clásico, conocido como zafu, ofrece ciertas ventajas, pero no está exento de potenciales dificultades. Sus principales ventajas son su suavidad y la posibilidad de ajustarse en cuanto a altura e inclinación. La dificultad potencial está en que una mala técnica de postura puede causar que se duerman las piernas con facilidad.

Postura en un zafu

La técnica apropiada consiste en sentarse sobre los isquiones, de tal manera que no haya demasiada presión sobre la parte posterior de los muslos. En general, funcionan mejor los zafus firmes que los suaves. Para lograr esto es mejor elevar la parte posterior del cojín, con ayuda de una manta un cojín pequeño o un bloque de yoga. Te sientas en la parte media superior del cojín, cruzas las piernas y en seguida haces una flexión hacia delante llevando los glúteos hacia atrás y rotando la pelvis hacia el frente y entonces te colocas, de manera que los isquiones queden firmemente en contacto con el zafu. Si las rodillas no tocan el suelo puedes poner unos cojines más pequeños o mantas dobladas debajo de cada una, para darles apoyo.

Hay ciertas cosas que debes tener en cuenta si meditas sentándote en zafus o cojines. La primera es asegurarte de que las rodillas queden en un nivel más bajo que las caderas. Esto es para proteger tu columna, en particular la zona lumbar. Cuando las rodillas quedan más altas que la cadera, se tensa la zona lumbar y esto puede traer complicaciones serias. Las piernas van cruzadas, una frente a la otra, y las rodillas deben estar apoyadas ya sea en el suelo, si llegas fácilmente, o sobre cojines o mantas dobladas. Para evitar problemas de alineación con la pelvis y la columna, de vez en cuando haz la meditación con el cruzado de piernas contrario; es decir, poniendo adelante la pierna que usualmente pones detrás, y viceversa. De ninguna manera hagas una postura que te cause dolor en las rodillas.

Sentado en una silla

Una buena silla puede brindar la mejor postura para algunas personas. Aunque no te dan la sensación de arraigo en la tierra que te dan las posturas anteriores, tiene importantes ventajas; veámosla. Las encuentras en cualquier lado –de hecho, ya tienes algunas en tu casa–, no ponen en riesgo tus rodillas, y con una postura correcta es difícil que se duerman las piernas. Hay que observar los siguientes puntos: para mantener tu energía alerta y despierta, es mejor que solamente tu espalda baja esté en contacto con el respaldo y no la parte superior de la espalda. Para que no se duerman las piernas, evi-

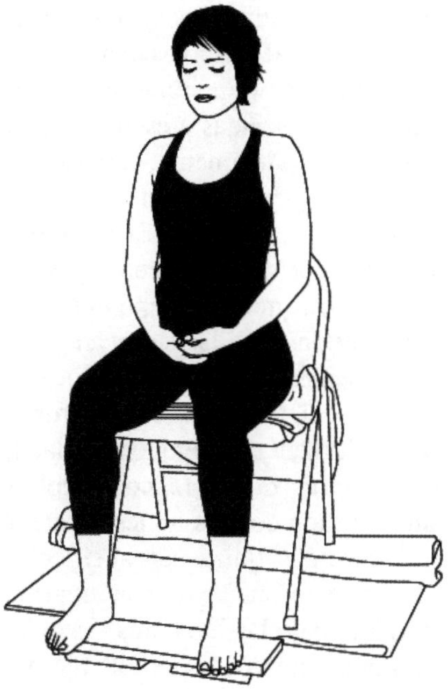

Sentado en una silla

ta que haya demasiada presión en la parte posterior de los muslos. Esto es más fácil de conseguir si elevas la parte posterior de la silla unos dos o tres centímetros. Asegúrate de que tus rodillas no queden ni más altas ni más bajas que tus caderas, sino en línea recta con ellas; si tu estatura es alta, quizá necesites poner una o dos mantas dobladas sobre la silla; si tu estatura es media o baja, tal vez necesites un apoyo debajo de los pies.

Acostado

Para algunas personas con problemas de columna vertebral o limitaciones físicas que les dificulten o hagan imposible la postura sentada, la mejor opción puede ser meditar acostadas. E incluso sin estas condiciones especiales, meditar acostado es una buena opción de vez en cuando. En esta modalidad es importante estar muy atento a las tendencias que pueden venir asociadas a estar acostado, tales como quedarte dormido o moverte inquietamente, pero si eres capaz de trabajar creativamente con ellas, la meditación acostado puede funcionar muy bien. La postura Alexander básica es muy recomendada para las meditaciones con atención consciente a las sensaciones del cuerpo, ya sea en recorrido o como un campo unificado.

En la postura Alexander, las rodillas se tocan y los pies quedan separados al ancho de las caderas. Para una mayor relajación de las ingles, conviene sujetar las piernas con un cinturón. Se coloca un apoyo (como un libro o una manta de algodón doblada) de unos cinco centímetros debajo de la cabeza. Las manos se colocan en el vientre, con el dedo medio alineado con las ingles. Si sientes tensión en la zona lumbar al acostarte así, quizá necesites colocar un apoyo debajo de esta zona. Para esto puedes doblar una manta como un rodillo pequeño y colocarlo bajo las lumbares. Si se hace una meditación de más de veinticinco minutos, es probable que se duerman las manos. Si es el caso, pueden colocarse las manos en el suelo con las palmas hacia arriba.

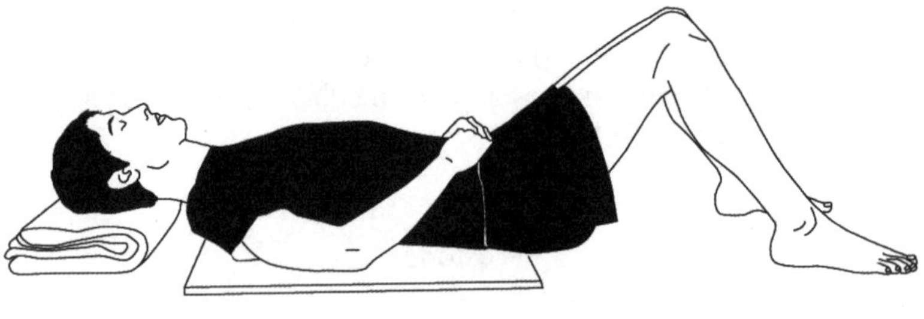

Postura Alexander

La actitud hacia la postura

Ahora bien, mantener una buena postura en la meditación sentados, o incluso acostados, es solamente la mitad de la ecuación. La otra parte es la actitud. Por definición, ninguna postura de meditación, sentado o acostado es fácil al inicio, pues tu cuerpo no está acostumbrado a estar quieto durante tanto tiempo. Naturalmente tenderán a surgir pequeñas tensiones por aquí o por allá, en los pies, piernas, espalda u hombros. Si tu postura inicial es correcta, estas sensaciones de tensión pueden trabajarse dentro de la meditación sin necesidad de luchar contra ellas o tratar de cambiarlas a toda costa. Trabajar con ellas quiere decir sentirlas, experimentarlas amablemente tal como suceden.

Como hemos visto en el apartado “El sentido del cuerpo”, la receptividad hacia las sensaciones del cuerpo introduce un factor que incide positivamente en la manera en que experimentas estas sensaciones. Si introduces aversión y lucha hacia las sensaciones de tensión, tu meditación empezará a convertirse en un infructuoso campo de batalla por la conquista de la postura ideal, completamente ausente de sensaciones desagradables. Mas si introduces receptividad y conciencia plena amable a estas mismas sensaciones, descubrirás que realmente son procesos energéticos en constante cambio y esta actitud se traducirá en mejores condiciones para que se relajen estas zonas.

No obstante, muchas personas tienen en sí hábitos de postura deficientes, los cuales aparecerán durante una meditación. En esos casos, durante una sesión será necesario hacer un pequeño ajuste que puede suponer una gran diferencia en la postura. Pequeño quiere decir un movimiento de uno o dos centímetros para recolocar una pierna que se ha entumido, o centrar nuevamente la espalda, abrir el pecho, centrar la cabeza sobre los hombros. Lo importante es no hacer ajustes exagerados, que más bien son reacciones de aversión hacia las sensaciones del cuerpo.

10. MEDITAR EN CASA

INTRODUCCIÓN

Una sesión de meditación es un período que dedicas a cultivar estados de conciencia de claridad, apertura, calma y amabilidad. Para ello no es suficiente tener una práctica ocasional o de emergencia para paliar un estado emocional o mental afligido, sino hacer de la práctica algo cotidiano. Y para conseguirlo son necesarios tres elementos fundamentales: a) un compromiso; b) un lugar; c) un tiempo.

Comprometerte a hacer una meditación diaria en casa te será más fácil en la medida que tengas relativamente claro en qué consiste la práctica y hayas experimentado de alguna forma sus beneficios. Si tienes la disciplina, bien puedes iniciarte en la meditación a partir de las instrucciones presentadas en este libro. Quizá para muchas personas lo mejor sea practicar durante algún tiempo con un grupo de meditación bajo la dirección de un guía y asegurarse de comprender con claridad la visión, los principios y los aspectos más técnicos de una práctica.

Una excelente manera de acelerar este proceso puede ser asistir de vez en cuando a retiros de meditación donde se meditan cinco o seis horas diarias. Hay una relación directa entre la continuidad de una práctica efectiva y el hecho de que comprendas lo valioso e incluso imprescindible que es adoptar la meditación como una prioridad para el resto de tu vida.

Intentar meditar por tu propia cuenta en casa es un paso muy valioso que te ayudará a llevar la práctica a un nivel más profundo, pues te exige tener claro lo que hay que hacer o no hacer en la práctica y cómo aplicar las enseñanzas de manera creativa cuando nadie te está guiando. Surgirán preguntas y dudas que tendrás que aclararte, tanto en cuestiones prácticas, tales como la postura, la duración de una sesión, la mejor hora de meditar, como en áreas más específicas del trabajo con la mente.

Llegar a estas preguntas y dudas es una parte crucial de la práctica meditativa, pues es a partir de ellas que irás conociéndote mejor y al mismo tiempo profundizando en tu comprensión de la práctica y la visión que subyace tras ella. Mantener una mente curiosa es, en última instancia, uno de los vehículos más efectivos para abrirte al misterio de la vida y liberar la fuente de sabiduría y compasión latente en ti. En última instancia, la práctica cotidiana despertará a tu propio maestro interior: el conocimiento que te orienta hacia la inmediatez de la presencia consciente.

¿Dónde meditar?

Meditar en casa presenta ciertos retos relacionados con un lugar y un tiempo que conviene abordar y resolver lo más pronto posible. Lo mejor es tener un lugar específico para meditar; es decir, dedicar un estudio o parte de una habitación como espacio permanente de meditación. De esta manera siempre estará colocado tu asiento, y el lugar mismo te recordará e invitará a sentarte. Cada vez que llegues a este lugar reconocerás el propósito de la práctica y esta se desplegará con más naturalidad, pues estará asociada con el espacio donde meditas.

Para muchas personas ese lugar es más bien un rincón de la sala o de una habitación, dedicado para tal propósito. Si es absolutamente imposible reservar permanentemente un lugar específico de la casa para meditar, puedes adaptar un espacio en cada sesión. A veces la única opción es hacer bien la cama y acomodar tu postura con almohadas. En cualquier caso, lo óptimo es que se trate de un lugar relativamente calmado, silencioso y ordenado, y que no te informe de actividades pendientes ni de trabajo.

Más allá de las ganas de meditar

Para establecer una práctica en casa, es de gran utilidad decidir en qué momento del día la harás. No te esperes a que aparezca un hueco en tus actividades. Definir el momento en que vas a realizar la meditación te ayuda a no caer en la trampa de las ganas: meditar cuando tienes ganas. *Las ganas no son importantes en la meditación.* Uno hace la práctica con o sin ganas, y si es el caso, durante la práctica misma contempla la emoción de desgana que acompaña la experiencia, sintiendo cómo se transforma y cambia, tal como es la naturaleza de todo.

¿A qué hora es mejor meditar?

Esta es una pregunta cuya respuesta tiene distintos ángulos. Por un lado, si tienes una vida bastante ocupada, la mejor hora es justo la que te es posible dedicar a la meditación. Por otro lado, si no te propones hacer un espacio de tiempo en el día para dedicarlo a la meditación, es probable que pospongas tu práctica hasta que encuentres condiciones idealizadas para llevarlas a cabo, lo cual nunca sucederá. Lo mejor es tomar una decisión clara y definida sobre la hora del día y los días de la semana en que vas a meditar en casa, e intentar cumplir con tu propósito. Ya sobre la marcha irás viendo si la opción que escogiste te está funcionando y harás ajustes. Las siguientes recomendaciones generales pueden servirte de guía:

- Visto de cierta manera, meditar temprano por la mañana es la mejor opción, pues la mente está descansada y estás relativamente calmado y sereno. Esto suponiendo que hayas descansado bien durante la noche, pues de otra manera te sentirás demasiado somnoliento. Meditar a primera hora tiene un efecto notorio a lo largo de tu jornada, pues la iniciarás con la mente clara y el corazón abierto.
- Si eres una persona más noctámbula, quizá te funcione mejor meditar por la noche, siempre y cuando tu energía no esté muy

baja. Meditar por la noche tiene un efecto bastante saludable en la calidad reparadora del sueño. Para muchas personas meditar por la noche tiene la ventaja de que ya no hay en perspectiva salir a hacer algo o hacer llamadas. Es la hora en que te resulta más fácil desconectarte de tus roles en el mundo.

- Para otras personas el mejor momento es por la tarde. El trabajo más intenso del día ha quedado atrás, pero hay suficiente energía para sentarse a meditar en armonía con el ocaso y establecer un espacio meditativo más holgado de tiempo.

¿Con cuánta frecuencia hay que meditar?

La respuesta es sencilla: lo más seguido posible. Meditar diariamente supone una diferencia muy grande en la efectividad de tu práctica. Pero si estás iniciándote en la meditación, quizá solo puedas dedicarle dos o tres días a la semana a practicar en casa, aparte de ir a practicar una vez por semana con algún grupo de meditación y un instructor. Mientras más pronto te convenzas del valor que tiene la práctica para tu vida, más fácil te será dedicarle un espacio y un tiempo todos los días.

¿Qué duración debe tener una meditación?

Lo mejor es determinar la duración de la práctica independientemente de tus ganas y mantenerte en ella el tiempo exacto, llueva o truene. Cuando estás iniciándote en la meditación, quizá sea suficiente meditar unos veinte o veinticinco minutos. Gradualmente se puede ir incrementando la duración hasta una práctica de entre treinta y cuarenta y cinco minutos. Es común que durante las primeras meditaciones surja resistencia y cierta desesperación después de los primeros quince minutos. Es muy importante no acostumbrarte a suspender una meditación por la resistencia o el estado emocional que empiece a surgir, sino aprender a estar presente en estas experiencias con la mayor receptividad posible y completar el tiempo que te propusiste meditar, pase lo que pase en la práctica. De hecho, cuando encuentras estados mentales o emocionales difíciles es cuando más importante y efectiva es la meditación.

Hace unos años, aconsejado por practicantes experimentados, me hice el propósito de meditar siempre más allá del punto en que surgiera la resistencia. Mi lema era: «No me levanto de aquí hasta que pueda estar con la ansiedad y la resistencia sin rechazarla ni alimentarla». Esto me ayudó mucho a comprender a un nivel muy profundo que la meditación no consiste solamente en estados de gozo y serenidad, pues su potencial liberador es más grande cuando puedes mantenerte presente a los estados mentales y emocionales más turbulentos de manera amable y creativa.

¿Cómo medir el tiempo de meditación?

Hay varias opciones. Puedes poner un reloj cerca de ti y consultarlo cuando sientas que quizá ya ha transcurrido el tiempo que decidiste practicar. O puedes poner una alarma discreta de un reloj o un temporizador de cocina. Con la práctica muy probablemente comiences a reconocer la duración de una meditación sin necesidad de ver el reloj.

Otra opción es poner una varita de incienso y observar cuánto dura en consumirse, entonces meditas el período que tome la varita en consumirse. En particular yo encuentro más precisos –y ligeros– los inciensos japoneses que no tienen varita de bambú. Los hay en dos tamaños, uno dura alrededor de treinta minutos, el otro cerca de cincuenta minutos.

En algunos lugares, cuando meditas regularmente a una misma hora, notarás que hay ciertos sonidos que suceden en determinado momento, como por ejemplo las campanas de una iglesia o el timbre de una escuela, y te pueden servir de guía para tomar el tiempo de tu meditación.

Finalmente, hay varias aplicaciones de meditación para dispositivos electrónicos móviles (teléfonos, ipods, ipads, etc.), que suenan al término del tiempo que hayas determinado, algunas son gratuitas o de muy bajo costo.

11. CONSIDERACIONES FINALES

Caminante, son tus huellas el camino y nada más;
caminante, no hay camino, se hace camino al andar.
Al andar se hace camino y al volver la vista atrás
se ve la senda que nunca se ha de volver a pisar.

ANTONIO MACHADO[23]

Habiendo descrito los cinco principios de la meditación y las prácticas sugeridas para meditar, quisiera ofrecer al lector algunas consideraciones finales que pueden significar la diferencia para que su práctica de meditación sea efectiva. A través de los años de andar en el entorno de meditadores, ya sea como participante con diversos maestros, o como instructor, he encontrado que hay tres malentendidos comunes que convierten la meditación en una actividad cansada y frustrante, en vez de ser una práctica sencilla de integración y descubrimiento. El meollo es este: todos contamos con una base conceptual inconsciente que se ha formado por medio de diferentes factores cognitivos, psicológicos y culturales. Esta base conceptual te lleva a ver mucho de lo que haces en la vida como una secuencia lineal de pasos y etapas independientes. De ahí que asumas que esa secuencia lineal te conduce hacia un destino lejano, cuyo objetivo es ser quien quisieras ser, y de paso eliminar lo que no te gusta de ti.

Cuando esta base conceptual informa tu meditación, surgen los malentendidos que se reflejan en las siguientes tendencias: a) convertir la meditación en una práctica que sobreenfatiza unos principios y descuida otros, perdiendo de vista su interdependencia; b) tomar la meditación como un viaje hacia un lugar distante donde lo que importa es llegar, a tal grado que te olvidas del proceso en sí; c) emprender dicho viaje con la intención de deshacerte de lo que no te gusta de ti y alcanzar por fin un *yo* idealizado, de tal manera que terminas más enemistado contigo mismo.

En esta sección quisiera ofrecer tres puntos que te pueden ayudar a disipar esta confusión y devolver efectividad a la meditación. En síntesis son: 1) la práctica es efectiva en la medida en que la abordes como proceso interdependiente y unificado; 2) durante la meditación, el énfasis debe estar siempre en lo que se despliega a cada instante y en tu relación con ello en cada momento, y no en el resultado; 3) la clave de la integración psicológica y emocional que permite el despertar de la inteligencia contemplativa –ya sea en la meditación o fuera de ella– está en el amor incondicional hacia ti mismo fuera de una evaluación de bueno o malo, así como en abandonar el proyecto de crear un yo perfeccionado. Veamos estos tres puntos con mayor detalle.

La meditación es un proceso unificado

Ya he apuntado brevemente al hecho de que tanto las acciones sutiles como los principios a los que conducen son dinámicas interdependientes que constituyen un mismo proceso, el despliegue de los estados de conciencia de claridad y lucidez. No obstante, es común que los meditadores caigan en el error de tratar de meditar con uno solo de los principios olvidándose de los demás. Sirvan los siguientes ejemplos como tendencias típicas para ilustrar este punto:

- Tratar de concentrarse a toda costa sin invocar la receptividad ni la claridad.
- Poner todo el énfasis en la receptividad, olvidándose de abrir los sentidos e integrar la atención.
- Intentar mantenerse en el ahora sin receptividad y sin abrir los sentidos.

- Enfatizar sentir las sensaciones del cuerpo físico y el cuerpo emocional, sin receptividad ni amor incondicional.
- Sentarse sin nada que hacer, con la atención inquieta, los sentidos retraídos e inmersos en cavilaciones diversas.
- Intentar controlar la mente y la práctica, dándose constantes instrucciones, órdenes y regaños.

La meditación es como una piedra preciosa de cinco facetas, ninguna de ellas puede existir sin las otras y todas son parte de una misma joya. Esto significa que la activación de cada uno de los principios debe hacerse considerando el trabajo armonioso y en conjunto de los demás.

Los principios de la meditación son aspectos interdependientes que convergen en lo que llamamos conciencia plena, cada uno de los principios colabora activamente con los demás. Por esta razón enfatizar uno solo y descuidar los demás desequilibra el proceso. Quizá durante un tiempo, justo antes de meditar, convenga que tú mismo te digas una frase que te comunique una visión unificada de los cinco principios; he aquí algunas sugerencias:

> *Me dispongo a recibir con claridad y atención amable todo lo que surja en mi experiencia de cuerpo, energía emocional y mente momento a momento.*

O esta otra que se mencionó en la introducción:

> *Meditar es... el arte de mantenerme plenamente consciente de lo que surge momento a momento en mi experiencia de cuerpo, emociones y mente con receptividad.*

O quizás esta otra:

> *Me dispongo a dejar que mi sentido de ser surja de la constante actualización del ahora.*

O cualquier otra frase que te evoque este sentido de unidad y se convierta en una propuesta que infunda sentido a la práctica. A medida que te familiarices con el trabajo integrado en la meditación, irás descubriendo que conciencia plena es simplemente una manera de estar con lo que hay. Entonces los cinco principios se habrán convertido en un conocimiento directo –el corazón de la conciencia plena– y empezarán a florecer como sabidurías.

EL ÉNFASIS ESTÁ EN EL PROCESO Y NO EN EL RESULTADO

A pesar de las instrucciones explícitas de "no perseguir nada" del principio de receptividad, es muy común que los meditadores sientan cierta ansiedad por los resultados y se pasen el tiempo tratando de lograr algo. El siguiente verso viene muy a propósito de esto:

> Ningún camino apresurado hacia el éxito,
> abierto a la fuerza por la avidez de un resultado,
> puede ser el camino verdadero.[24]
>
> RABINDRANATH TAGORE

Pocas cosas desactivan tan radicalmente la meditación como el enfocarse en obtener un resultado específico, usualmente una idealización. Cuando la meditación se vuelve una preocupación por alcanzar un fruto que tienes en mente, casi de un solo golpe abandonas la receptividad, pierdes la claridad (se retraen los sentidos), se desestabiliza la atención, pierdes conciencia del ahora y se te cierra el corazón ante lo que surge momento a momento, interna y externamente. El propósito de la meditación es extender y profundizar tus estados de conciencia, lo cual ocurre naturalmente cuando estás presente a lo que surge en el ahora. En la meditación, como en la vida, la plenitud es el fruto natural de vivir creativa y amorosamente hacia lo que se presenta en el ahora y desde ahí desplegar tus aspiraciones.

MEDITAR ES ABRAZAR AMABLEMENTE LA TOTALIDAD QUE ERES

Es normal y muy bueno que llegues a la meditación con aspiraciones que te conectan con ideales o valores elevados. Sin embargo, es común que esta misma orientación se convierta en una perspectiva polarizada que desata una lucha interior y te desconecta de ti mismo. Esto se relaciona con lo que el Buda denominaba la "avidez existencial", que se expresa como aversión hacia una idea de ser y avidez hacia otra idea de ser.[25] Esta dinámica de conflicto con uno mismo se encuentra expresada claramente en los hábitos mentales y emocionales con los que contactas en la meditación, tales como la ansiedad y la culpa, o el constante darte instrucciones, juzgarte o amonestarte.

Si te encuentras con esto, te puede ayudar mucho responder con una actitud que tiene dos pasos: el primero es reconocer que esta perspectiva, así como las emociones y el diálogo interno que las suscita son solamente un hábito y como tal son solo energía en transformación. Es decir, no convertirlo en un problema, sino descubrir el aspecto energético tangible, y al mismo tiempo dejar que se disuelva el argumento sin añadirle nada. El segundo paso es darle todo el espacio silencioso y amable de la conciencia a las sensaciones internas de división y lucha, permitiendo que se relajen e integren a su propio tiempo. La sabiduría de esto es simple y profunda: no hay nada que alimente más el hábito de odiarte, que odiarte por odiarte. Lo único que disipa el odio es el amor.

Tener aspiraciones como ser humano, por supuesto, es de gran importancia para la vida. Lo que te ayuda a relacionarte con estas aspiraciones de manera creativa, amable e inteligente es comprender que lo mejor de ti no se da en oposición a quien temes ser, o en una persecución ansiosa de quien crees que deberías ser, sino en una entrega plena y lúcida hacia lo que estás haciendo en el momento presente en un entorno constante de aprecio y amor incondicional hacia la vida y los seres que la habitan. De esta manera, las aspiraciones serán como una estrella sutil que te orienta en el firmamento, pero el propósito del viaje será el viaje en sí, la plenitud de la vida se experimentará a cada instante, haciendo, en efecto, del viaje el destino.

12. CONCLUSIÓN

Con la intención de acercar al lector a sus propias motivaciones para buscar la meditación, en la introducción mencioné distintas maneras de escuchar el llamado de la meditación. En lo personal fue la claridad que surgió a partir de un accidente de automóvil lo que me condujo a buscar. Derivado de esto, mencioné experiencias extremas a menudo dolorosas, tales como una experiencia de vida o muerte, una gran pérdida o la búsqueda de un alivio a estados de aflicción, angustia o insatisfacción. Luego apunté hacia el contacto gozoso con las artes y la naturaleza, así como la curiosidad por comprender la condición humana y el sentido de la vida. Y, finalmente, mencioné la atracción por una manera de vivir que honre la realidad interconectada de la vida, ya sea entre los seres humanos, entre estos y otros seres vivos, o con nuestro planeta como el gran hogar de todos.

Todas estas motivaciones son un llamado interior de lo que intuimos posible. La búsqueda de la meditación proviene de una intuición que por momentos te susurra en silencio un mensaje urgente: hay estados de conciencia que pueden significar una gran diferencia en tu vida y los puedes despertar en ti mismo. Este llamado lo escuchamos a veces, pues se produce en experiencias vitales como las mencionadas anteriormente, pero a menudo no sabemos cómo darle vida de manera clara y contundente.

La práctica que hemos visto en este libro, así como la visión que la sustenta, han nutrido en mí la aspiración de honrar el potencial disponible para todos los seres humanos: extender tus estados de conciencia y a través de ellos vivir una vida plena que redunde en beneficio para ti y para otros. Si tú, lector, has encontrado en este libro un espejo y una guía que te permite reconocer y honrar el llamado de este potencial, a ti está dedicado.

BIBLIOGRAFÍA

Enseñanzas del Buda en el canon pali

Majjhima Nikaya. Los sermones medios del Buda. Traducción de Amadeo Solé Leris y Abraham Vélez de Cea. Barcelona: Editorial Kairós, 1999.

Sobre meditación y budismo

Batchelor, Martine. *A Buddhist Guide to Breaking Free of Habits*. "Let go". Somerville, MA.: Wisdom Publications, 2007.

Batchelor, Stephen. *Guía contemporánea para despertar*, "Budismo sin creencias". Madrid: Ed. Gaia, 2008.

Dalái Lama. *El universo en un átomo*. Barcelona: Grijalbo, 2007.

Hart, William. *El arte de la meditación budista*. "La Vipassana". Madrid: Editorial Edaf, 2003.

Namkhai, Norbu. *El cristal y la vía de la luz*. Barcelona: Kairós, 2008.

Pema Chodron. *Los lugares que te asustan*. Barcelona: Ed. Oniro, 2006.

—. *La sabiduría de la no-evasión*. Barcelona: Ed. Oniro, 2004.

Ray, Reginald. *The Secret of the Vajra World*. Boston, MA.: Shambala Publications, 2001.

Rosenberg, Larry. *The Liberating Practice of Insight Meditation*. "Breath by Breath". Boston, MA.: Shambala Publications, 1998.

Sangharakshita. *Buddha Mind*. Birmingham: Windhorse Publications, 2001.

Smith, David. *Relato de un despertar*. México D.F: Bodhi, 2007.

Sobre el cerebro, conciencia, emociones y mente

Blackmore, Susan. *Consciousness: a Very Short Introduction.* Oxford: Oxford University Press, 2005.

Damasio, Antonio. *Sentir lo que sucede.* Santiago de Chile: Editorial Andrés Bello, 2000.

Goleman, Daniel y Dalái Lama. *Emociones destructivas.* Barcelona: Ed. Kairós, 2003.

Hanson, Rick y Mendius, Richard. *The Practical Neuroscience of Buddha's Brain.* Oakland, CA.: New Harbinger Publications, 2009.

Sapolsky, Robert. *Por qué las cebras no tienen úlceras.* Madrid: Alianza Editorial, 2008.

Mtezinger, Thomas. "The Ego Tunnel". *The Science of Mind and the Myth of the Self.* Nueva York: Basics Books, 2009.

Taylor, Jill Bolte. "My Stroke of Insight". *A Brain Scientist's Personal Journey.* Nueva York: Plume Books, 2009.

Sobre el efecto de la Meditación para mitigar el dolor

Burch, Vidyamala. *Living Well with Pain and Illness.* Boulder, Co.: Editorial Sounds True, 2010.

Kabat-Zinn, Jon. "Vivir con plenitud las crisis". *Cómo utilizar la sabiduría del cuerpo y de la mente para afrontar el estrés, el dolor y la enfermedad.* Barcelona: Ed. Kairós, 2004.

NOTAS

PÁGINAS INICIALES

1. Dogen. (Japón, 1200-1253). Tomado del sitio *web*: http://thinkexist.com/quotation/do_not_follow_the_ideas_of_others-but_learn_to/204200.html. El original: «Do not follow the ideas of others, but learn to listen to the voice within yourself. Your body and mind will become clear and you will realize the unity of all things». Traducción al español de Kavindu.

AGRADECIMIENTOS

2. Sangharakshita. *Peace is a Fire. A Collection of Writings and Sayings*. Publicado originalmente por Windhorse Publications en Birmimgham, en 1995, recopilado por Ananda. El original: «If we want a definition of Faith we may say that it is the response, even the emotional response, of what is ultimate in us to what is ultimate in the Universe». *The Stages of the Spiritual Path. Lecture*. En línea: http://www.sangharakshita.org/_books/peace-fire.pdf. Traducción al español de Kavindu.

INTRODUCCIÓN

3. Con esto quiero decir que los principios de la meditación que aquí se presentan se encuentran en las tres grandes vertientes del budismo: Theravada, Mahayana y Vajrayana, así como de las escuelas "no duales" Dzogchen y Mahamudra. En este libro he conjuntado lo que he encontrado fundamental con respecto a la meditación y el trabajo con la mente de cada corriente, apegándome a las pautas muy probablemente establecidas por el Buda con respecto a la meditación y la mente y la conciencia. Para esto ha

sido imprescindible el contacto directo e indirecto con maestros y compañeros practicantes de las diferentes tradiciones.

4. La conexión con la neurofisiología me parece esencial, pues creo que no se puede hablar de la mente e intentar trabajar con ella de manera responsable sin conocer la perspectiva científica, que tiene muchos puntos de encuentro con el estudio de la cognición, la percepción y la conciencia en la tradición budista. No porque esta última requiera validación de la ciencia, sino porque la comprensión conjunta aclara mucho de cada una de ellas y provee un sustento basado en una perspectiva más amplia.
5. Esta comprensión de *atención* se fundamenta en la tradición budista, del Abhidharma, que define *cetana* como una función direccional de la mente que te permite contactar algo y *manaskara* como la función que te mantiene involucrado con lo que percibes. Véanse *The Mind in Buddhist Psychology. A Translation of Ye-shes rgyal-mtshan's The Necklace of Clear Understanding*, traducido del tibetano por Herbert V. Guenther y Leslie Kawamura. (Dharma Publishing, Berkeley, Ca., 1975), y también Sangharakshita, *Know your Mind*, pág. 89 (Windhorse Publications, Birmingham, UK, 1998). Más aún, las ciencias del cerebro y la cognición distinguen la conciencia como la capacidad de darse cuenta de la experiencia y la atención como la función direccional que escoge un área específica dentro de la experiencia. En nuestra experiencia humana conciencia y atención ocurren al mismo tiempo. La diferencia resalta cuando te das cuenta de que puedes cobrar conciencia de tu atención.

Receptividad

6. Maharahulovada Sutta, en *Majjima Nikaya*. Fragmento. Traducción de Amadeo Solé Leris y Abraham Vélez de Cea. Barcelona: Ed. Kairós, 1999.
7. William Blake, "He who Binds", en *Poems from Blake's Notebook. Several Questions Answered*, n.º1. El texto original: «He who binds to himself a joy / Does the winged life destroy; But he who kisses the joy as it flies; Lives in eternity's sunrise». Tomado de: http://en.wikiquote.org/wiki/William_Blake. Traducción al español de Kavindu.
8. "Caminos paralelos". *El Dhammapada*. Traducción de Juan Blanco. México D.F.: Fondo de Cultura Económica, 2004.

Claridad

9. Uddana La palabra del Buda, pág. 73, 1-10 Bahiya. Traducción de Carmen Dragonetti. Yin-shun Foundation, New Jersey, USA. Fundación Instituto de Estudios Budistas, Buenos Aires, Argentina 2002.

10. William Blake. *El matrimonio del cielo y el infierno*. Traducción de Xavier Villaurrutia. Sevilla: Editorial Renacimiento, 2007, págs. 40-41. El original: «If the doors of perception were cleansed every thing would appear to man as it is, infinite. For man has closed himself up, till he sees all things through narrow chinks of his cavern».
11. *Vipassana* en idioma pali, *Vipassyana*, en sánscrito. Respecto al significado de la palabra, Reginald Ray dice: «[...] la etimología de esta palabra sánscrita es [...] *Pash,* "ver", mientras que *vi* significa "lejos, fuera", como en "fuera de lo ordinario". Por consiguiente, *vipashyana* significa "ver de una manera que no es ordinaria", es decir, fuera de la referencia del punto y territorio del ego». *The Secret of the Vajra World*. Boston, Ma.: Shambala Publications, 2002. Traducción de Kavindu.
12. Este aspecto de la meditación está basado en parte en el concepto budista de *dhammavichaya*, o investigación de los fenómenos mentales, y en parte en la noción budista de *Dhammachanda,* un interés constante por conocer la realidad.
13. Para una excelente exposición de la meditación basada en el cuerpo, véase: Reginald Ray, *Touching Enlightenment*. Boulder, Co.: Editorial Sounds True, 2008.
14. Fragmento de "Caminos paralelos" de *El Dhammapada*. Tomado de http://www.bosquetheravada.org/index.php?option=com_k2&view=item&id=595:dhammapada-verso-1.
15. En el capítulo 1 de su excelente libro sobre el estrés, el doctor Robert Sapolsky explica por qué y cómo los seres humanos vivimos con un nivel alto de estrés psicológico (derivado de lo que pensamos y de las relaciones sociales), a diferencia de animales como las cebras, cuyos principales factores de estrés son los peligros físicos. *Por qué las cebras no tienen úlcera*. Madrid: Alianza Editorial, 2008.
16. Para una excelente discusión sobre patrones mentales y emocionales y su trabajo en la meditación, véase Martine Batchelor, "Let go". *A Buddhist guide to breaking free of habits*. Birmingham, UK.: Wisdom Publications, 2007.

Calma

17. Shunruy Suzuki. *Zen Mind, Beginner's mind*. Nueva York: Weatherhill, 1975, pág. 33. «Concentrar la mente en algo no es el verdadero propósito del Zen. El propósito verdadero es ver las cosas como son, observarlas tal como son y permitir que todo pase tal como pasa». El fragmento original:

«To concentrate your mind on something is not the true purpose of Zen. The true purpose is to see things as they are, to observe things as they are, and let everything go as it goes». La traducción al castellano es de Kavindu.

18. La meditación que integra las sensaciones de la respiración junto con las sensaciones del cuerpo, las emociones, la mente, la naturaleza impermanente de la realidad, y la liberación del sentido de ser proviene del *Sutra Anapanasati*, el sermón atribuido al Buda, con instrucciones básicas sobre esta meditación. Véase "Sermón sobre la atención a la respiración" en: *Majjhima Nikaya* nº. 118. Majjhima Nikaya, *Los sermones medios del Buddha*. Traducción: Amadeo Solé Leris y Abraham Vélez de Cea. Barcelona: Ed. Kairós, 1999, pág.128.

Conciencia del aquí y ahora

19. "Sermón sobre el solitario feliz". *Majjhima Nikaya* nº. 131. *Majjhima Nikaya*, *Los sermones medios del Buddha*. Traducción: Amadeo Solé Leris y Abraham Vélez de Cea. Barcelona: Ed. Kairós, 1999, pág. 149.
20. (Genjo Koan). Dogen. (Japón, 1200-1253). Tomado de: http://villagezendo.org/wordpress/wp-content/pdfs/Genjo_Koan.pdf. «To study the way of enlightenment is to study the self. To study the self is to forget the self. To forget the self is to be actualized by myriad things». Traducción libre del inglés por Kavindu.
21. Fragmento de la sección *The Dry Salvages*, V, del poema "Four Quartets" de T.S. Elliot. T.S. Elliot *Collected Poems 1909-1962*. Londres: Faber and Faber, 2002, pág. 199. Traducción de Kavindu. Texto original:

... Or the waterfall, or music heard so deeply
That it is not heard at all, but you are the music
While the music lasts.

En: http://www.coldbacon.com/poems/fq.html.

Amor incondicional

22. Sangharakshita. *Budddha Mind*. Birmingham, UK.: Windhorse Publications, 2001, pág. 44. «The creative mind loves where there is no reason to love, is happy where there is no reason to for happiness, creates where there is no possibility of creativity, and in this way "builds a heaven in hell's despair"». Aquí Sangharakshita parece haberse inspirado en el conocido poema "The Clod and the Pebble" de William Blake:

Love seeketh not itself to please,
Nor for itself hath any care,
But for another gives its ease,
And builds a heaven in hell's despair.

BLAKE WILLIAM. *The Clod and the Pebble. The Conscious Reader.* Caroline Shrodes, et al. 7ª ed. Boston: Allyn and Bacon, 1998, pág. 347.

CONSIDERACIONES FINALES

23. Antonio Machado, *Poesía y prosa. Antología.* Buenos Aires: Ediciones Colihue, 1995.
24. Fragmento del poema nº. 74 *The Day is No More. The complete Poems os Rabindranath Tagore*'s *Gitanjali*. Editado por S.K. Paul. New Delhi: Sarup & Sons, págs. 302-303. Traducción de Kavindu. Texto original: «No hurried path of success, forcibly cut by the greed of result, can be a true path».
25. En un conocido pasaje del *Canon Pali* se le atribuyen al Buda estas palabras: «¿Y cuál es, amigos, la Noble Verdad del origen del sufrimiento? Es el deseo que produce la repetición de existencias, que conlleva goce y pasión, y goza con esto y aquello: el deseo de los sentidos, el deseo de existir y el deseo de no existir». *Majjima Nikaya*. Fragmento. Traducción de Amadeo Solé Leris y Abraham Vélez de Cea. Barcelona: Ed. Kairós, 1999, pág. 185.

    Comentario de Kavindu: en este pasaje "deseo" no se refiere al simple acto de desear un vaso de agua para calmar la sed, sino al deseo intenso, la avidez, ligada a la percepción errónea de que lo que se desea es algo fijo y sustancial que puede traer satisfacción permanente. El deseo de existir y el deseo de no existir se explica a veces como ganas de vivir o ganas de morir. No obstante, una interpretación más poderosa en términos de práctica es que se refiere al deseo de ser de cierta manera, o de no ser de cierta manera.